SELECTIONS FROM PLINY'S LETTERS

CAMBRIDGE LATIN TEXTS

SELECTIONS FROM
PLINY'S LETTERS

M.B.FISHER & M.R.GRIFFIN

Manchester Grammar School

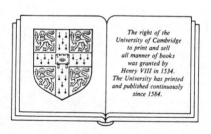

The right of the
University of Cambridge
to print and sell
all manner of books
was granted by
Henry VIII in 1534.
The University has printed
and published continuously
since 1584.

CAMBRIDGE UNIVERSITY PRESS

CAMBRIDGE

LONDON   NEW YORK   NEW ROCHELLE

MELBOURNE   SYDNEY

Published by the Press Syndicate of the University of Cambridge
The Pitt Building, Trumpington Street, Cambridge CB2 1RP
32 East 57th Street, New York, NY 10022, USA
10 Stamford Road, Oakleigh, Melbourne 3166,
Australia

Vocabulary and explanatory text
© Cambridge University Press 1973

Library of Congress catalogue card number: 72–80489

ISBN 0 521 20298 1

First published 1973
Eighth printing 1986

Printed in Great Britain
at the Alden Press, Oxford

CONTENTS

MAPS

ACKNOWLEDGEMENTS

The Latin text used in this book is that of
the Oxford Classical Text, Pliny, *Letters*,
edited by R. A. B. Mynors,
© 1963 Oxford University Press, and is reproduced
by permission of The Clarendon Press, Oxford

The illustration on the cover is a wall painting
from Pompeii and is the
copyright of the Schools Council Publications

THE LETTERS

I. 6

ridebis, et licet rideas. ego, ille quem nosti, apros tres et quidem pulcherrimos cepi. 'ipse?' inquis. ipse; non tamen ut omnino ab inertia mea et quiete discederem. ad retia sedebam; erat in proximo non venabulum aut lancea, sed stilus et pugillares; meditabar aliquid enotabamque, ut si manus vacuas, plenas tamen ceras reportarem. non est quod contemnas hoc studendi genus; mirum est ut animus agitatione motuque corporis excitetur; iam undique silvae et solitudo ipsumque illud silentium quod venationi datur, magna cogitationis incitamenta sunt. proinde cum venabere, licebit auctore me ut panarium et lagunculam sic etiam pugillares feras: experieris non Dianam magis montibus quam Minervam inerrare. vale.

I. 9

mirum est quam singulis diebus in urbe ratio aut constet aut constare videatur, pluribus iunctisque non constet. nam si quem interroges 'hodie quid egisti?', respondeat: 'officio togae virilis interfui, sponsalia aut nuptias frequentavi, ille me ad signandum testamentum, ille in advocationem, ille in consilium rogavit.' haec quo die feceris, necessaria, eadem, si cotidie fecisse te reputes, inania videntur, multo magis cum secesseris. tunc enim subit recordatio: 'quot dies quam frigidis rebus absumpsi!' quod evenit mihi, postquam in Laurentino meo aut lego aliquid aut scribo aut etiam corpori vaco, cuius fulturis animus sustinetur. nihil audio quod audisse, nihil dico quod dixisse paeniteat; nemo apud me quemquam sinistris sermonibus carpit, neminem ipse reprehendo, nisi tamen me cum parum commode scribo; nulla spe nullo timore sollicitor, nullis rumoribus inquietor:

licet: licēre *be allowed*
nōstī = nōvistī: nōvisse *know, know well*
omnīnō *entirely*
inertiā: inertia, f. *laʒiness*
rētia: rēte, n. *net, trap-net*
vēnābulum, n. *hunting-spear*
lancea, f. *javelin*
5 stilus, m. *pen*
pugillārēs, m.pl. *writing-tablets*
ēnotābam: ēnotāre *note down*
vacuās: vacuus *empty*
cērās: cēra, f. *wax writing-tablet, note-pad*
reportārem: reportāre *take back*
contemnās: contemnere *despise*
genus: genus, n. *kind*
ut *how*

agitātiōne: agitātiō, f. *movement, exercise*
mōtū: mōtus, m. *movement, motion*
iam: *moreover, then again*
vēnātiōnī: vēnātiō, f. *hunting*
10 cōgitātiōnis: cōgitātiō, f. *thought*
incitāmenta: incitāmentum, n. *stimulus*
proinde *and so*
vēnābere = vēnāberis: vēnārī *go hunting*
pānārium: pānārium, n. *picnic-basket*
lagunculam: laguncula, f. *flask*
experiēris: experīrī *find*
Diānam: Diāna, f. *Diana (goddess of hunting)*
Minervam: Minerva, f. *Minerva (goddess of wisdom and the arts)*
inerrāre *wander on*

ratiō, f. *account, sum*
cōnstet: cōnstāre *be correct*
iūnctīs: iungere *join, put together*
interrogēs: interrogāre *ask*
officiō togae virīlis *coming-of-age ceremony*
interfuī: interesse *be present at, attend*
spōnsālia: spōnsālia, n.pl. *engagement, betrothal*
frequentāvī: frequentāre *attend*
5 signandum: signāre *seal, witness*
advocātiōnem: advocātiō, f. *legal assistance (in court)*
in cōnsilium *to act as assessor*
sēcesseris: sēcēdere *get away from public life*
subit: subīre *occur, come to mind*
recordātiō, f. *thought, realisation*

frīgidīs: frīgidus *useless, pointless*
absūmpsī: absūmere *spend, waste*
ēvenit: ēvenīre *happen*
postquam *by the time that*
in Laurentīnō meō *at my villa at Laurentum*
11 corporī vacō *I have time for exercise*
fultūrīs: fultūra, f. *support, fitness*
sustinētur: sustinēre *sustain, keep*
audīsse=audīvisse
paeniteat: paenitēre *regret*
sinistrīs: sinister *malicious*
carpit: carpere *slander*
reprehendō: reprehendere *find fault with*
parum commodē *not well enough*
15 sollicitor: sollicitāre *worry*
inquiētor: inquiētāre *disturb*

mecum tantum et cum libellis loquor. o rectam sinceramque
vitam! o dulce otium honestumque ac paene omni negotio
pulchrius! o mare, o litus, verum secretumque μουσεῖον,
quam multa invenitis, quam multa dictatis! proinde tu
quoque strepitum istum inanemque discursum et multum   20
ineptos labores, ut primum fuerit occasio, relinque teque
studiis vel otio trade. satius est enim, ut Atilius noster erudi-
tissime simul et facetissime dixit, otiosum esse quam nihil
agere. vale.

I.13

C. PLINIUS SOSIO SENECIONI SUO S.

magnum proventum poetarum annus hic attulit: toto mense
Aprili nullus fere dies, quo non recitaret aliquis. iuvat me
quod vigent studia, proferunt se ingenia hominum et
ostentant, tametsi ad audiendum pigre coitur. plerique in
stationibus sedent tempusque audiendi fabulis conterunt, ac   5
subinde sibi nuntiari iubent, an iam recitator intraverit, an
dixerit praefationem, an ex magna parte evolverit librum;
tum demum ac tunc quoque lente cunctanterque veniunt,
nec tamen permanent, sed ante finem recedunt, alii dissimulanter et furtim, alii simpliciter et libere. at hercule   10
memoria parentum Claudium Caesarem ferunt, cum in
Palatio spatiaretur audissetque clamorem, causam requisisse,
cumque dictum esset recitare Nonianum, subitum recitanti
inopinatumque venisse. nunc otiosissimus quisque multo
ante rogatus et identidem admonitus aut non venit aut, si   15
venit, queritur se diem (quia non perdidit) perdidisse. sed
tanto magis laudandi probandique sunt, quos a scribendi
recitandique studio haec auditorum vel desidia vel superbia
non retardat. equidem prope nemini defui. erant sane
plerique amici; neque enim est fere quisquam, qui studia,   20
ut non simul et nos amet. his ex causis longius quam destin-
averam tempus in urbe consumpsi. possum iam repetere

4

rēctam: rēctus *upright, good*
sincēram: sincērus *pure*
ōtium, n. *leisure*
lītus, n. *shore*
μουσεῖον, n. *home of the Muses*
proinde *and so*
20 strepitum: strepitus, m. *bustle, din*

discursum: discursus, m. *rushing around, flurry*
ineptōs: ineptus *stupid, silly*
ut prīmum *as soon as*
satius *better*
Atīlius, m. *Atilius* [*a friend of Pliny*]
ērudītissimē: ērudītē *profoundly*
facētissimē: facētē *wittily*

I.13

prōventum: prōventus, m. *crop, number*
attulit: afferre *produce*
ferē *almost*
iuvat mē *I am pleased, delighted*
vigent: vigēre *flourish*
studia, n.pl. *literature*
prōferunt: prōferre *display, publish*
ingenia: ingenium, n. *talent, ability*
ostentant: ostentāre *exhibit, show off*
tametsī *even if*
pigrē *lazily, without enthusiasm*
coitur *people assemble*
5 statiōnibus: statiō, f. *portico*
fābulīs: fābula, f. *piece of gossip, chit-chat*
conterunt: conterere *waste, while away*
subinde *from time to time*
an *whether*
recitātor, m. *reader*
praefātiōnem: praefātiō, f. *preface, introduction*
ēvolverit: ēvolvere *unroll, read*
dēmum *at last*
cūnctanter *reluctantly*
permanent: permanēre *stay to the end*
recēdunt: recēdere *go away*
dissimulanter *secretly, inconspicuously*

10 fūrtim *stealthily*
simpliciter *openly*
līberē *brazenly, unashamedly*
hercule = hercle
Claudium Caesarem *the Emperor Claudius*
ferunt *they say*
Palātiō: Palātium, n. *the Palatine hill*
spatiārētur: spatiārī *stroll*
audīsset = audīvisset
requīsisse = requīsīvisse: requīrere *ask*
Nōniānum: Nōniānus, m. *Nonianus* (*an orator and historian*)
inopīnātum: inopīnātus *unexpected*
15 admonitus: admonēre *remind*
queritur: querī *complain*
perdidit: perdere *waste, lose*
tantō magis *all the more*
audītōrum: audītor, m. *listener*
dēsidia, f. *laziness*
superbia, f. *discourtesy*
retardat: retardāre *discourage*
equidem *personally, for my part*
prope *almost, practically*
dēfuī: dēesse *fail, let down*
sānē *of course*
21 dēstināveram: dēstināre *intend*

5

secessum et scribere aliquid, quod non recitem, ne videar, quorum recitationibus adfui, non auditor fuisse sed creditor. nam ut in ceteris rebus ita in audiendi officio perit gratia, si reposcatur. vale.

25

I.19

C. PLINIUS ROMATIO FIRMO SUO S.

municeps tu meus et condiscipulus et ab ineunte aetate contubernalis, pater tuus et matri et avunculo meo, mihi etiam quantum aetatis diversitas passa est, familiaris: magnae et graves causae, cur suscipere augere dignitatem tuam debeam. esse autem tibi centum milium censum, satis indicat quod apud nos decurio es. igitur ut te non decurione solum verum etiam equite Romano perfruamur, offero tibi ad implendas equestres facultates trecenta milia nummum. te memorem huius muneris amicitiae nostrae diuturnitas spondet: ego ne illud quidem admoneo, quod admonere deberem, nisi scirem sponte facturum, ut dignitate a me data quam modestissime ut a me data utare. nam sollicitius custodiendus est honor, in quo etiam beneficium amici tuendum est. vale.

5

10

II.6

C. PLINIUS AVITO SUO S.

longum est altius repetere nec refert, quemadmodum acciderit, ut homo minime familiaris cenarem apud quendam, ut sibi videbatur, lautum et diligentem, ut mihi, sordidum simul et sumptuosum. nam sibi et paucis opima quaedam, ceteris vilia et minuta ponebat. vinum etiam parvolis lagunculis in tria genera discripserat, non ut potestas eligendi, sed ne ius esset recusandi, aliud sibi et nobis, aliud minoribus amicis (nam gradatim amicos habet), aliud suis nostrisque libertis. animadvertit qui mihi proximus recumbebat, et an probarem interrogavit. negavi. 'tu ergo' inquit

5

10

6

sēcessum: sēcessus, m. *quiet retreat*
crēditor, m. *lender, investor*
25 ut. . .ita *as* . . .*so*

officiō: officium, n. *duty*
grātia, f. *appreciation, gratitude*
reposcātur: reposcere *demand in return*

I.19

mūniceps, m. *fellow-townsman*
condiscipulus, m. *contemporary at school*
ab ineunte aetāte *from the earliest days*
contubernālis, m. *comrade, close friend*
avunculō: avunculus, m. *uncle*
dīversitās, f. *difference, disparity*
familiāris, m. *close friend*
5 cēnsum: cēnsus, m. *capital, balance*
apud nōs *amongst us* (*i.e. at Comum*)
decuriō, m. *town-councillor*
vērum *but*
perfruāmur: perfruī *enjoy, have the pleasure of seeing*

implendās: implēre *make up*
equestrēs facultātēs *the property quali-fication of an 'eques'*
nummum = nummōrum: nummus, m. *sesterce* (*a Roman coin*)
diūturnitās, f. *length*
spondet: spondēre *make sure, guarantee*
10 admoneō: admonēre *remind*
sponte *of your own accord*
modestissimē: modestē *discreetly*
ut *as*
sollicitius *with special care*
tuendum: tuērī *safeguard, remember*

II.6

longum: longus *tedious*
altius *in detail*
repetere *recount*
rēfert: rēferre *matter, be important*
quemadmodum *how*
homō. . .familiāris *a close acquaintance*
lautum: lautus *elegant*
dīligentem: dīligēns *economical*
sordidum: sordidus *mean*
opīma: opīmus *choice, special*
5 vīlia: vīlis *cheap*

parvolīs: parvolus *tiny*
lagunculīs: laguncula, f. *flask*
genera: genus, n. *sort, kind*
discrīpserat: discrībere *divide*
potestās, f. *chance, opportunity*
iūs, n. *right*
gradātim *in classes, in grades*
animadvertit: animadvertere *notice*
recumbēbat: recumbere *recline*
10 an *whether*
negāvī: negāre *say no*

'quam consuetudinem sequeris?' 'eadem omnibus pono;
ad cenam enim, non ad notam invito cunctisque rebus
exaequo, quos mensa et toro aequavi.' 'etiamne libertos?'
'etiam; convictores enim tunc, non libertos puto.' et ille:
'magno tibi constat.' 'minime.' 'qui fieri potest?' 'quia   15
scilicet liberti mei non idem quod ego bibunt, sed idem ego
quod liberti.' et hercule si gulae temperes, non est onerosum
quo utaris ipse communicare cum pluribus. illa ergo
reprimenda, illa quasi in ordinem redigenda est, si sumptibus parcas, quibus aliquanto rectius tua continentia quam   20
aliena contumelia consulas.

quorsus haec? ne tibi, optimae indolis iuveni, quorundam
in mensa luxuria specie frugalitatis imponat. convenit
autem amori in te meo, quotiens tale aliquid inciderit, sub
exemplo praemonere, quid debeas fugere. igitur memento   25
nihil magis esse vitandum quam istam luxuriae et sordium
novam societatem; quae cum sint turpissima discreta ac
separata, turpius iunguntur. vale.

II. 8

C. PLINIUS CANINIO SUO S.

studes an piscaris an venaris an simul omnia? possunt enim
omnia simul fieri ad Larium nostrum. nam lacus piscem,
feras silvae quibus lacus cingitur, studia altissimus iste
secessus adfatim suggerunt. sed sive omnia simul sive
aliquid facis, non possum dicere 'invideo'; angor tamen non   5
et mihi licere, qui sic concupisco ut aegri vinum balinea
fontes. numquamne hos artissimos laqueos, si solvere
negatur, abrumpam? numquam, puto. nam veteribus
negotiis nova accrescunt, nec tamen priora peraguntur:
tot nexibus, tot quasi catenis maius in dies occupationum   10
agmen extenditur. vale.

cōnsuētūdinem: cōnsuētūdō, f. *practice,
custom*
notam: nota, f. *degradation ceremony*
exaequō: exaequāre *make equal*
convīctōrēs: convīctor, m. *companion
at table*
15 cōnstat: cōnstāre *cost*
quī fierī potest? *how can that be?*
scīlicet *of course*
hercule = hercle
gūlae: gūla, f. *appetite*
temperēs: temperāre *restrain*
onerōsum: onerōsus *burdensome*
commūnicāre *share*
reprimenda: reprimere *restrain, control*
in ōrdinem redigenda est *must be re-
duced to the ranks*
sūmptibus: sūmptus, m. *expense*
20 parcās: parcere *restrain, cut down*
aliquantō *considerably*

rēctius: rēctē *honorably*
continentiā: continentia, f. *self-control*
aliēna: aliēnus *of others*
cōnsulās: cōnsulere *look after, take care
of*
quōrsus haec? *what is the point of all
this?*
indolis: indolēs, f. *nature*
frūgālitātis: frūgālitās, f. *economy*
impōnat: impōnere *impose upon, deceive*
convenit: convenīre *be proper, befit*
inciderit: incidere *happen*
25 praemonēre *warn*
sordium: sordēs, f. *meanness*
societātem: societās, f. *partnership,
combination*
turpissima: turpis *shameful*
discrēta: discrētus *apart*
iunguntur: iungere *join together*

II.8

piscāris: piscārī *fish*
vēnāris: vēnārī *hunt*
Lārium: Lārius, m. *Lake Como (in
northern Italy)*
lacus, m. *lake*
piscem: piscis, m. *fish*
ferās: fera, f. *wild animal*
cingitur: cingere *surround*
studia: studium, n. *study, opportunity
for inspiration*
sēcessus, m. *retreat, place of retreat*
adfātim *abundantly*
suggerunt: suggerere *furnish, supply*
sīve...sīve *whether...or*
5 invideō: invidēre *begrudge*
angor: angere *distress*

concupīscō: concupīscere *long for,
hanker after*
aegrī: aeger, m. *a sick man*
balinea: balineum, n. *bath*
artissimōs: artus *tight, narrow*
laqueōs: laqueus, m. *snare, fetter*
negātur: negāre *deny, not allow*
abrumpam: abrumpere *burst, break out
of*
accrēscunt: accrēscere *be added to*
priōra: prior *earlier*
peraguntur: peragere *deal with, finish*
10 nexibus: nexus, m. *link, obligation*
quasi *so to speak, virtual*
in diēs *from day to day*
occupātiōnum: occupātiō, f. *job*

9

II.9

anxium me et inquietum habet petitio Sexti Eruci mei. adficior cura et, quam pro me sollicitudinem non adii, quasi pro me altero patior; et alioqui meus pudor, mea existimatio, mea dignitas in discrimen adducitur. ego Sexto latum clavum a Caesare nostro, ego quaesturam impetravi; meo suffragio pervenit ad ius tribunatus petendi, quem nisi obtinet in senatu, vereor ne decepisse Caesarem videar. proinde adnitendum est mihi, ut talem eum iudicent omnes, qualem esse princeps mihi credidit. quae causa si studium meum non incitaret, adiutum tamen cuperem iuvenem probissimum gravissimum eruditissimum, omni denique laude dignissimum, et quidem cum tota domo. nam pater ei Erucius Clarus, vir sanctus antiquus disertus atque in agendis causis exercitatus, quas summa fide pari constantia nec verecundia minore defendit. habet avunculum C. Septicium, quo nihil verius nihil simplicius nihil candidius nihil fidelius novi. omnes me certatim et tamen aequaliter amant, omnibus nunc ego in uno referre gratiam possum. itaque prenso amicos, supplico, ambio, domos stationesque circumeo, quantumque vel auctoritate vel gratia valeam, precibus experior, teque obsecro ut aliquam oneris mei partem suscipere tanti putes. reddam vicem si reposces, reddam et si non reposces. diligeris coleris frequentaris: ostende modo velle te, nec deerunt qui quod tu velis cupiant. vale.

inquiētum: inquiētus *restless, uneasy*
petītiō, f. *candidature*
adficior: adficere *affect, move*
sollicitūdinem: sollicitūdō, f. *worry, concern*
adii: adīre *subject oneself to*
aliōquī *besides*
pudor, m. *honour*
exīstimātiō, f. *good name, reputation*
in discrīmen addūcitur *is being put to the test, is at stake*
lātum clāvum: lātus clāvus, m. 'broad stripe' (*A broad purple stripe on the toga indicated senatorial rank*)
5 Caesare: Caesar, m. *the Emperor*
quaestūram: quaestūra, f. *quaestorship*
impetrāvī: impetrāre *gain by request*
suffrāgiō: suffrāgium, n. *political support*
iūs: iūs, n. *right*
tribūnātūs: tribūnātus, m. *tribunate*
obtinet: obtinēre *obtain*
vereor: verērī *fear*
proinde *therefore*
adnītendum: adnītī *endeavour*
iūdicent: iūdicāre *think of, regard*
10 adiūtum…cuperem *I should wish to help*
probissimum: probus *good, excellent*
ērudītissimum: ērudītus *well-educated, accomplished*
dēnique *in short*
laude: laus, f. *praise*

domō: domus, f. *household, family*
sānctus *virtuous*
disertus *eloquent*
causīs: causa, f. *lawsuit, case*
parī: pār *equal*
cōnstantiā: cōnstantia, f. *vigour, single-mindedness*
15 verēcundiā: verēcundia, f. *modesty*
avunculum: avunculus, m. *uncle*
simplicius: simplex *frank*
candidius: candidus *sincere*
nōvī: nōvisse *know*
certātim *in rivalry with each other*
aequāliter *equally*
prēnsō: prēnsāre *solicit, approach*
supplicō: supplicāre *implore*
ambiō: ambīre *canvass*
statiōnēs: statiō, f. *public place*
20 circumeō: circumīre *tour round*
quantum *how, to what extent*
grātiā: grātia, f. *popularity*
valeam: valēre *be strong*
experior: experīrī *find out, try out*
obsecrō: obsecrāre *beg, beseech*
oneris: onus, n. *burden*
vicem, f. = Form B; no Form A *recompense*
reposcēs: reposcere *ask*
coleris: colere *cultivate, respect*
frequentāris: frequentāre *visit much*
modo *merely, only*
dēerunt: dēesse *be lacking*

III.6

C. PLINIUS ANNIO SEVERO SUO S.

ex hereditate quae mihi obvenit, emi proxime Corinthium
signum, modicum quidem sed festivum et expressum,
quantum ego sapio, qui fortasse in omni re, in hac certe
perquam exiguum sapio: hoc tamen signum ego quoque
intellego. est enim nudum, nec aut vitia si qua sunt celat, aut   5
laudes parum ostentat. effingit senem stantem; ossa musculi
nervi, venae rugae etiam ut spirantis adparent; rari et
cedentes capilli, lata frons, contracta facies, exile collum;
pendent lacerti, papillae iacent, venter recessit; a tergo
quoque eadem aetas ut a tergo. aes ipsum, quantum verus   10
color indicat, vetus et antiquum; talia denique omnia, ut pos-
sint artificum oculos tenere, delectare imperitorum. quod
me quamquam tirunculum sollicitavit ad emendum. emi
autem non ut haberem domi (neque enim ullum adhuc
Corinthium domi habeo), verum ut in patria nostra celebri   15
loco ponerem, ac potissimum in Iovis templo; videtur
enim dignum templo dignum deo donum. tu ergo, ut soles
omnia quae a me tibi iniunguntur, suscipe hanc curam,
et iam nunc iube basim fieri, ex quo voles marmore, quae
nomen meum honoresque capiat, si hos quoque putabis   20
addendos. ego signum ipsum, ut primum invenero aliquem
qui non gravetur, mittam tibi vel ipse (quod mavis) adferam
mecum. destino enim, si tamen officii ratio permiserit,
excurrere isto. gaudes quod me venturum esse polliceor,
sed contrahes frontem, cum adiecero 'ad paucos dies': neque   25
enim diutius abesse me eadem haec quae nondum exire pati-
untur. vale.

III.6

hērēditāte: hērēditās, f. *legacy*
obvēnit: obvenīre *come one's way*
proximē *just recently*
Corinthium: Corinthius *Corinthian*
signum: signum, n. *statue*
modicum: modicus *small*
fēstivum: fēstīvus *attractive*
expressum: expressus *finely modelled*
quantum *as far as*
sapiō: sapere *know, judge*
perquam *exceedingly*
exiguum: exiguus *little*
5 vitia: vitium, n. *defect*
laudēs: laus, f. *merit*
parum *too little*
ostentat: ostentāre *show off*
effingit: effingere *portray, represent*
ossa: ōs, n. *bone*
nervī: nervus, m. *sinew*
vēnae: vēna, f. *vein*
rūgae: rūga, f. *wrinkle*
spīrantis: spīrāre *breathe, live*
adpārent = appārent
rārī: rārus *sparse*
cēdentēs: cēdere *recede*
frōns, f. *brow, forehead*
contracta: contractus *wrinkled*
faciēs, f. *face*
exile: exīlis *thin*
collum, n. *neck*
lacertī: lacertus, m. *arm, shoulder*
papillae, f.pl. *breasts, chest*

iacent: iacēre *lie flat, sag*
venter, m. *stomach*
recessit: recēdere *recede, be hollow*
tergō: tergum, n. *back*
10 aetās, f. *age*
aes, n. *bronze*
artificum: artifex, m. *artist, expert, connoisseur*
imperītōrum: imperītus *amateur*
tīrunculum: tīrunculus, m. *novice*
sollicitāvit: sollicitāre *urge, induce*
15 vērum *but*
celebrī: celeber *public, prominent*
potissimum *preferably*
Iovis: Iūppiter, m. *Jupiter*
iniunguntur: iniungere *lay on, order*
basim: basis, f. *pedestal*
marmore: marmor, n. *marble*
21 ut prīmum *as soon as*
gravētur: gravāre *burden, trouble*
māvīs: mālle *prefer*
adferam: adferre *bring*
dēstinō: dēstināre *intend*
officiī: officium, n. *official duty, work*
ratiō, f. *plan, schedule*
excurrere *make an excursion*
istō *thither, there, to you*
polliceor: pollicērī *promise*
25 contrahēs frontem: contrahere frontem *frown*
adiēcerō: adicere *add*

13

III.14

rem atrocem nec tantum epistula dignam Larcius Macedo
vir praetorius a servis suis passus est, superbus alioqui
dominus et saevus, et qui servisse patrem suum parum,
immo nimium meminisset. lavabatur in villa Formiana.
repente eum servi circumsistunt. alius fauces invadit, alius   5
os verberat, alius pectus et ventrem, atque etiam (foedum
dictu) verenda contundit; et cum exanimem putarent,
abiciunt in fervens pavimentum, ut experirentur an viveret.
ille sive quia non sentiebat, sive quia se non sentire simula-
bat, immobilis et extentus fidem peractae mortis implevit.   10
tum demum quasi aestu solutus effertur; excipiunt servi
fideliores, concubinae cum ululatu et clamore concurrunt.
ita et vocibus excitatus et recreatus loci frigore sublatis
oculis agitatoque corpore vivere se (et iam tutum erat)
confitetur. diffugiunt servi; quorum magna pars comprehen-   15
sa est, ceteri requiruntur. ipse paucis diebus aegre focilatus
non sine ultionis solacio decessit ita vivus vindicatus, ut
occisi solent. vides quot periculis quot contumeliis quot
ludibriis simus obnoxii; nec est quod quisquam possit esse
securus, quia sit remissus et mitis; non enim iudicio domini   20
sed scelere perimuntur.

verum haec hactenus. quid praeterea novi? quid? nihil,
alioqui subiungerem; nam et charta adhuc superest, et dies
feriatus patitur plura contexi. addam quod opportune de
eodem Macedone succurrit. cum in publico Romae lavaretur,   25
notabilis atque etiam, ut exitus docuit, ominosa res accidit.
eques Romanus a servo eius, ut transitum daret, manu
leviter admonitus convertit se nec servum, a quo erat tactus,
sed ipsum Macedonem tam graviter palma percussit ut paene
concideret. ita balineum illi quasi per gradus quosdam   30
primum contumeliae locus, deinde exitii fuit. vale.

14

III.14

nec tantum... dignam *worthy of something more than*
praetōrius *of praetorian rank*
aliōquī *admittedly*
servīsse = servīvisse: servīre *be a slave*
parum *too little*
immo *or rather*
Formiānā: Formiānus *at Formiae (a town in Latium)*
5 repente *suddenly*
circumsistunt: circumsistere *surround*
faucēs: faucēs, f.pl. *throat*
invādit: invādere *go for, attack*
ventrem: venter, m. *stomach*
foedum: foedus *foul, shocking*
verenda: verenda, n.pl. *private parts*
contundit: contundere *beat*
exanimem: exanimis *dead*
abiciunt: abicere *throw out*
fervēns: fervēns *hot, burning*
pavīmentum: pavīmentum, n. *floor*
experīrentur: experīrī *find out*
sīve... sīve *whether... or*
10 immōbilis *motionless*
extentus: extendere *stretch out*
fidem... implēvit *gave the impression*
perāctae: peragere *achieve, accomplish*
dēmum *at last*
aestū: aestus, m. *heat*
solūtus *overcome*
effertur: efferre *carry out*
ululātū: ululātus, m. *howling, shrieking*
concurrunt: concurrere *run up*
recreātus: recreāre *revive, bring round*
frīgore: frīgus, n. *cold, coolness*

15 cōnfitētur: cōnfitērī *show*
diffugiunt: diffugere *flee in all directions*
requīruntur: requīrere *search, seek*
aegrē *with difficulty*
focilātus: focilāre *revive*
ultiōnis: ultiō, f. *revenge*
sōlāciō: sōlācium, n. *consolation*
dēcessit: dēcēdere *die*
vindicātus: vindicāre *avenge*
lūdibriīs: lūdibrium, n. *mockery*
obnoxiī: obnoxius *exposed to*
nec est quod *it is not the case that*
20 remissus *indulgent*
mītis *gentle*
iūdiciō: iūdicium, n. *sound reason*
perimuntur: perimere *murder*
vērum *but*
hāctenus *no further*
aliōquī *otherwise*
subiungerem: subiungere *add*
charta, f. *writing paper*
diēs fēriātus, m. *holiday*
contexī: contexere *deal with, include*
opportūnē *appropriately*
25 succurrit: succurrere *occur*
notābilis *remarkable*
exitus, m. *death*
ōminōsa: ōminōsus *ominous*
trānsitum: trānsitus, m. *room to pass*
leviter *lightly*
palmā: palma, f. *palm, hand*
percussit: percutere *slap*
30 concideret: concidere *fall*
balineum, n. *bath*
gradūs: gradus, m. *stage, step*

15

IV.I

C. PLINIUS CALPURNIO FABATO PROSOCERO SUO S.

cupis post longum tempus neptem tuam meque una videre. gratum est utrique nostrum quod cupis, mutuo mehercule. nam invicem nos incredibili quodam desiderio vestri tenemur, quod non ultra differemus. atque adeo iam sarcinulas adligamus, festinaturi quantum itineris ratio   5
permiserit. erit una sed brevis mora: deflectemus in Tuscos, non ut agros remque familiarem oculis subiciamus (id enim postponi potest), sed ut fungamur necessario officio. oppidum est praediis nostris vicinum (nomen Tiferni Tiberini), quod me paene adhuc puerum patronum cooptavit,   10
tanto maiore studio quanto minore iudicio. adventus meos celebrat, profectionibus angitur, honoribus gaudet. in hoc ego, ut referrem gratiam (nam vinci in amore turpissimum est), templum pecunia mea exstruxi, cuius dedicationem, cum sit paratum, differre longius inreligiosum est. erimus   15
ergo ibi dedicationis die, quem epulo celebrare constitui. subsistemus fortasse et sequenti, sed tanto magis viam ipsam corripiemus. contingat modo te filiamque tuam fortes invenire! nam continget hilares, si nos incolumes receperitis. vale.   20

IV.2

C. PLINIUS ATTIO CLEMENTI SUO S.

Regulus filium amisit, hoc uno malo indignus, quod nescio an malum putet. erat puer acris ingenii sed ambigui, qui tamen posset recta sectari, si patrem non referret. hunc Regulus emancipavit, ut heres matris exsisteret; mancipatum (ita vulgo ex moribus hominis loquebantur) foeda   5
et insolita parentibus indulgentiae simulatione captabat. incredibile, sed Regulum cogita. amissum tamen luget insane. habebat puer mannulos multos et iunctos et solutos,

IV.1

prōsocerō: prōsocer, m. *wife's grand-
father*
neptem: neptis, f. *granddaughter*
ūnā *as well, together*
grātum: grātus *pleasing*
nostrum = Form D of nōs
mūtuō *and the feeling is returned*
mehercule = hercle
invicem *in turn*
dēsīderiō: dēsīderium, n. *longing*
vestrī = Form D of vōs
ultrā *further, any longer*
differēmus: differre *put off, postpone*
atque adeō *and indeed*
5 sarcinulās: sarcinula, f. *travelling bag*
adligāmus: adligāre *tie up, pack*
quantum *as much as*
ratiō, f. *plan, nature*
dēflectēmus: dēflectere *turn off*
Tuscōs: Tuscī, m.pl. *Tuscany (an area
north of Rome)*
rem...familiārem: rēs familiāris, f.
household affairs
oculīs subiciāmus: oculīs subicere
look over, inspect
fungāmur: fungī *perform*

officiō: officium, n. *duty*
oppidum, n. *town*
praediīs: praedium, n. *estate*
vīcīnum: vīcīnus *near*
Tifernī Tiberīnī: Tifernum Tiberīnum,
n. *Tifernum-on-Tiber (a town in
Umbria, north-east of Rome)*
10 cooptāvit: cooptāre *elect, adopt*
iūdiciō: iūdicium, n. *good sense, judgement*
profectiōnibus: profectiō, f. *departure*
angitur: angere *distress*
referrem grātiam: referre grātiam
show gratitude
vinci: vincere *outdo*
turpissimum: turpis *shameful*
16 epulō: epulum, n. *banquet, feast*
subsistēmus: subsistere *stay*
corripiēmus: corripere *hurry along*
contingat: contingere *happen*
modo *only*
fortēs: fortis *in good health*
hilarēs: hilaris *in good spirits, happy*
incolumēs: incolumis *safe*
recēperitis: recipere *receive*

IV.2

malō: malum, n. *misfortune*
indignus *not deserving*
an *whether*
ācris: ācer *sharp, alert*
ambiguī: ambiguus *unreliable, unsteady*
rēcta: rēctus *right, good*
sectārī *follow*
referret: referre *resemble, take after*
ēmancipāvit: ēmancipāre *give legal
independence to*
exsisteret: exsistere *become*
mancipātum: mancipātus *disposed of,
'sold'*

5 vulgō *commonly, generally*
ex *because of, in view of*
foedā: foedus *shocking*
īnsolitā: īnsolitus *unusual,
unnatural*
simulātiōne: simulātiō, f. *pretence*
captābat: captāre *curry favour with*
lūget: lūgēre *mourn for*
mannulōs: mannulus, m. *Gallic pony*
iūnctōs: iūnctus *harnessed together
(i.e. for driving)*
solūtōs: solūtus *free (i.e. for riding)*

17

habebat canes maiores minoresque, habebat luscinias psittacos merulas: omnes Regulus circa rogum trucidavit. nec dolor erat ille, sed ostentatio doloris. convenitur ad eum mira celebritate. cuncti detestantur oderunt, et quasi probent, quasi diligant, cursant frequentant, utque breviter quod sentio enuntiem, in Regulo demerendo Regulum imitantur. tenet se trans Tiberim in hortis, in quibus latissimum solum porticibus immensis, ripam statuis suis occupavit, ut est in summa avaritia sumptuosus, in summa infamia gloriosus. vexat ergo civitatem insaluberrimo tempore et, quod vexat, solacium putat. dicit se velle ducere uxorem, hoc quoque sicut alia perverse. audies brevi nuptias lugentis nuptias senis; quorum alterum immaturum alterum serum est. unde hoc augurer quaeris? non quia adfirmat ipse, quo mendacius nihil est, sed quia certum est Regulum esse facturum, quidquid fieri non oportet. vale.

IV . 16

C. PLINIUS VALERIO PAULINO SUO S.

gaude meo, gaude tuo, gaude etiam publico nomine: adhuc honor studiis durat. proxime cum dicturus apud centumviros essem, adeundi mihi locus nisi a tribunali, nisi per ipsos iudices non fuit; tanta stipatione cetera tenebantur. ad hoc quidam ornatus adulescens scissis tunicis, ut in frequentia solet fieri, sola velatus toga perstitit et quidem horis septem. nam tam diu dixi magno cum labore, maiore cum fructu. studeamus ergo nec desidiae nostrae praetendamus alienam. sunt qui audiant, sunt qui legant, nos modo dignum aliquid auribus dignum chartis elaboremus. vale.

lusciniās: luscinia, f. *nightingale*
10 psittacōs: psittacus, m. *parrot*
merulās: merula, f. *blackbird*
rogum: rogus, m. *funeral pyre*
trucīdāvit: trucīdāre *slaughter*
ostentātiō, f. *show, parade*
convenitur *people gather*
celebritāte: celebritās, f. *crowd, throng*
dētestantur: dētestārī *detest, loathe*
cursant: cursāre *throng, flock*
frequentant: frequentāre *swarm*
breviter *briefly*
ēnūntiem: ēnūntiāre *express, describe*
dēmerendō: dēmererī *cultivate, pay court to*
15 trāns *on the other side of*
solum: solum, n. *land, area*

rīpam: rīpa, f. *bank*
occupāvit: occupāre *fill, cover*
in … avāritiā: *in spite of greed*
īnfāmiā: īnfāmia, f. *notoriety, bad reputation*
glōriōsus *boastful, ostentatious*
cīvitātem: cīvitās, f. *city*
īnsalūberrimō: īnsalūbris *unhealthy*
sōlācium: sōlācium, n. *consolation*
dūcere uxōrem *marry*
20 perversē *wrongly, outrageously*
immātūrum: immātūrus *too soon*
sērum: sērus *too late*
augurer: augurārī *predict*
quidquid *whatever*
fierī nōn oportet *ought not to be done*

IV . 16

nōmine: nōmen, n. *account, behalf*
dūrat: dūrāre *be attached, persist*
proximē *recently, the other day*
dictūrus . . . essem: dīcere *plead in court*
centumvirōs: centumvirī, m.pl. *the centumviri, the civil court*
tribūnālī: tribūnal, n. *the platform on which the judges sat*
iūdicēs: iūdex, m. *judge*
stīpātiōne: stīpātiō, f. *crowd, throng*
5 ad hoc *in addition*
ōrnātus *distinguished, eminent*
adulēscēns, m. *young man, youth*

frequentiā: frequentia, f. *crowd*
vēlātus: vēlāre *wrap, clothe*
perstitit: persistere *stay on*
frūctū: frūctus, m. *success, reward*
studeāmus: studēre *work, apply oneself*
dēsidiae: dēsidia, f. *laziness*
praetendāmus: praetendere *bring forward as an excuse*
aliēnam: aliēnus *of another, another's*
modo *only, just*
10 chartīs: charta, f. *paper*
ēlabōrēmus: ēlabōrāre *work out, strive to produce*

IV . 22

interfui principis optimi cognitioni in consilium adsumptus.
gymnicus agon apud Viennenses ex cuiusdam testamento
celebratur. hunc Trebonius Rufinus, vir egregius nobisque
amicus, in duumviratu tollendum abolendumque curavit.
negabatur ex auctoritate publica fecisse. egit ipse causam   5
non minus feliciter quam diserte. commendabat actionem,
quod tamquam homo Romanus et bonus civis in negotio
suo mature et graviter loquebatur. cum sententiae perro-
garentur, dixit Iunius Mauricus, quo viro nihil firmius
nihil verius, non esse restituendum Viennensibus agona;   10
adiecit 'vellem etiam Romae tolli posset.' constanter,
inquis, et fortiter; quidni? sed hoc a Maurico novum non est.
idem apud imperatorem Nervam non minus fortiter.
cenabat Nerva cum paucis; Veiento proximus atque etiam
in sinu recumbebat: dixi omnia cum hominem nominavi.   15
incidit sermo de Catullo Messalino, qui luminibus orbatus
ingenio saevo mala caecitatis addiderat: non verebatur, non
erubescebat, non miserebatur; quo saepius a Domitiano non
secus ac tela, quae et ipsa caeca et improvida feruntur, in
optimum quemque contorquebatur. de huius nequitia   20
sanguinariisque sententiis in commune omnes super cenam
loquebantur, cum ipse imperator: 'quid putamus passurum
fuisse si viveret?' et Mauricus: 'nobiscum cenaret.' longius
abii, libens tamen. placuit agona tolli, qui mores Viennensium infecerat, ut noster hic omnium. nam Viennensium   25
vitia intra ipsos resident, nostra late vagantur, utque in
corporibus sic in imperio gravissimus est morbus, qui a
capite diffunditur. vale.

interfuī: interesse *attend*
cognitiōnī: cognitiō, f. *judicial enquiry*
cōnsilium: cōnsilium, n. *emperor's
council, privy council*
adsūmptus: adsūmere *choose, recruit*
gymnicus *athletic*
agōn, m. *competition*
Viennēnsēs: Viennēnsēs, m.pl. *people
of Vienna (now Vienne in southern
France)*
ex testāmentō *under the terms of a will*
ēgregius *distinguished*
duumvirātū: duumvirātus, m. *duum-
virate, annual magistracy*
tollendum: tollere *stop*
abolendum: abolēre *abolish*
cūrāvit: cūrāre *effect, take steps*
5 negābātur: negāre *say . . . not*
causam: causa, f. *case in court*
fēlīciter *successfully*
disertē *eloquently*
commendābat: commendāre *make a
good impression with*
āctiōnem: āctiō, f. *plea, speech, delivery*
mātūrē *promptly*
sententiae: sententia, f. *judgement*
perrogārentur: perrogāre *ask in turn*
firmius: firmus *reliable, staunch*
10 restituendum: restituere *restore*
adiēcit: adicere *add*
cōnstanter *resolutely*
quidnī? *why not?*
15 sinū: sinus, m. *lap, bosom*

nōmināvī: nōmināre *name*
incidit: incidere *turn (to), come round
(to)*
lūminibus: lūmen, n. *eye, sight*
orbātus: orbāre *deprive*
caecitātis: caecitās, f. *blindness*
verēbātur: verērī *fear*
ērubēscēbat: ērubēscere *blush, feel
shame*
miserēbātur: miserērī *pity*
saepius *more often*
nōn secus ac *not unlike, just like*
tēla: tēlum, n. *weapon*
caeca: caecus *blind, without aim*
imprōvida: imprōvidus *unseeing*
20 optimum quemque: optimus quisque
all the most honourable men
contorquēbātur: contorquēre *hurl*
nēquitiā: nēquitia, f. *wickedness, villainy*
sanguināriīs: sanguinārius *bloody, mur-
derous, bloodthirsty*
in commūne *together*
super *over*
libēns *on purpose, intentionally*
25 īnfēcerat: īnficere *taint, corrupt*
vitia: vitium, n. *vice*
intrā *within, among*
resīdunt: resīdere *find a home*
lātē *far and wide*
vagantur: vagārī *spread, travel*
imperiō: imperium, n. *empire*
diffunditur: diffundere *spread*

C. PLINIUS NOVIO MAXIMO SUO S.

nuntiatum mihi C. Fannium decessisse; qui nuntius me gravi
dolore confudit, primum quod amavi hominem elegantem
disertum, deinde quod iudicio eius uti solebam. erat enim
acutus natura, usu exercitatus, veritate promptissimus. angit
me super ista casus ipsius: decessit veteri testamento,   5
omisit quos maxime diligebat, prosecutus est quibus
offensior erat. sed hoc utcumque tolerabile; gravius illud,
quod pulcherrimum opus imperfectum reliquit. quamvis
enim agendis causis distringeretur, scribebat tamen exitus
occisorum aut relegatorum a Nerone et iam tres libros   10
absolverat subtiles et diligentes et Latinos atque inter
sermonem historiamque medios, ac tanto magis reliquos
perficere cupiebat, quanto frequentius hi lectitabantur.
mihi autem videtur acerba semper et immatura mors eorum,
qui immortale aliquid parant. nam qui voluptatibus dediti   15
quasi in diem vivunt, vivendi causas cotidie finiunt; qui vero
posteros cogitant, et memoriam sui operibus extendunt, his
nulla mors non repentina est, ut quae semper incohatum
aliquid abrumpat. Gaius quidem Fannius, quod accidit,
multo ante praesensit. visus est sibi per nocturnam quietem   20
iacere in lectulo suo compositus in habitum studentis, habere
ante se scrinium (ita solebat); mox imaginatus est venisse
Neronem, in toro resedisse, prompsisse primum librum
quem de sceleribus eius ediderat, eumque ad extremum
revolvisse; idem in secundo ac tertio fecisse, tunc abisse.   25
expavit et sic interpretatus est, tamquam idem sibi futurus
esset scribendi finis, qui fuisset illi legendi: et fuit idem.
quod me recordantem miseratio subit, quantum vigiliarum
quantum laboris exhauserit frustra. occursant animo mea
mortalitas mea scripta. nec dubito te quoque eadem   30
cogitatione terreri, pro istis quae inter manus habes. proinde,
dum suppetit vita, enitamur ut mors quam paucissima quae
abolere possit inveniat. vale.

dēcessisse: dēcēdere *die*
cōnfūdit: cōnfundere *overwhelm*
disertum: disertus *eloquent*
iūdiciō: iūdicium, n. *judgement*
acūtus *intelligent, sharp*
ūsū: ūsus, m. *use, experience*
vēritāte: vēritās, f. *truthful opinion*
prōmptissimus: prōmptus *ready, quick*
angit: angere *distress, pain*
5 super *on top of, in addition to*
cāsus, m. *fate, misfortune*
omīsit: omittere *leave out*
prōsecūtus est: prōsequī *make bequests to*
offēnsior: offēnsus *vexed, displeased*
utcumque *at any rate, at least*
tolerābile: tolerābilis *bearable*
opus, n. *work*
imperfectum: imperfectus *incomplete, unfinished*
quamvīs *although*
distringerētur: distringere *keep busy, divert*
exitūs: exitus, m. *end of life, fate*
10 relēgātōrum: relēgāre *exile, banish*
absolverat: absolvere *bring to a conclusion, complete*
subtilēs: subtilis *well-written*
dīligentēs: dīligēns *accurate, painstaking*
Latīnōs: Latīnus *in good Latin*
sermōnem: sermō, m. *literary conversation*
historiam: historia, f. *historical narrative*
perficere *complete*
frequentius: frequenter *widely, extensively*
lēctitābantur: lēctitāre *read over and over again*
acerba: acerbus *cruel, poignant*
immātūra: immātūrus *untimely, premature*

15 voluptātibus: voluptās, f. *pleasure*
dēditī: dēdere *devote, dedicate*
in diem *from day to day*
fīniunt: fīnīre *accomplish*
posterōs: posterī, m.pl. *future generations*
repentīna: repentīnus *sudden*
incohātum: incohāre *begin, start on*
abrumpat: abrumpere *break off*
20 praesēnsit: praesentīre *have a premonition*
nocturnam: nocturnus *of the night*
lectulō: lectulus, m. *reading-couch*
compositus *settled, ready*
habitum: habitus, m. *attitude, posture*
scrīnium: scrīnium, n. *desk*
imāginātus est: imāginārī *imagine, dream*
resēdisse: resīdere *sit down*
prōmpsisse: prōmere *take*
ēdiderat: ēdere *publish, produce*
extrēmum: extrēmum, n. *end*
25 revolvisse: revolvere *unroll (i.e. read)*
expāvit: expavēscere *be terrified*
interpretātus est: interpretārī *interpret, infer*
recordantem: recordārī *recall, think about*
miserātiō, f. *pity*
subit: subīre *fill*
vigiliārum: vigilia, f. *sleepless night*
exhauserit: exhaurīre *spend*
occursant: occursāre *occur to, come to*
30 mortālitās, f. *mortality, shortness of human life*
cōgitātiōne: cōgitātiō, f. *thought, idea*
proinde *and so*
suppetit: suppetere *last*
ēnitāmur: ēnītī *strive*
abolēre *destroy*

V.19

C. PLINIUS VALERIO PAULINO SUO S.

video quam molliter tuos habeas; quo simplicius tibi confite-
bor, qua indulgentia meos tractem. est mihi semper in animo
et Homericum illud πατὴρ δ'ὣς ἤπιος ἦεν et hoc nostrum
'pater familiae'. quod si essem natura asperior et durior,
frangeret me tamen infirmitas liberti mei Zosimi, cui tanto   5
maior humanitas exhibenda est, quanto nunc illa magis eget.
homo probus officiosus litteratus; et ars quidem eius et quasi
inscriptio comoedus, in qua plurimum facit. nam pronuntiat
acriter sapienter apte decenter etiam; utitur et cithara
perite, ultra quam comoedo necesse est. idem tam commode   10
orationes et historias et carmina legit, ut hoc solum didicisse
videatur. haec tibi sedulo exposui, quo magis scires, quam
multa unus mihi et quam iucunda ministeria praestaret.
accedit longa iam caritas hominis, quam ipsa pericula
auxerunt. est enim ita natura comparatum, ut nihil aeque   15
amorem incitet et accendat quam carendi metus; quem ego
pro hoc non semel patior. nam ante aliquot annos, dum
intente instanterque pronuntiat, sanguinem reiecit atque ob
hoc in Aegyptum missus a me post longam peregrinationem
confirmatus redit nuper; deinde dum per continuos dies   20
nimis imperat voci, veteris infirmitatis tussicula admonitus
rursus sanguinem reddidit. qua ex causa destinavi eum
mittere in praedia tua, quae Foro Iulii possides. audivi enim
te saepe referentem esse ibi et aera salubrem et lac eiusmodi
curationibus accommodatissimum. rogo ergo scribas tuis,   25
ut illi villa, ut domus pateat, offerant etiam sumptibus eius,
si quid opus erit. erit autem opus modico; est enim tam
parcus et continens, ut non solum delicias verum etiam
necessitates valetudinis frugalitate restringat. ego proficiscenti tantum viatici dabo, quantum sufficiat eunti in tua.   30
vale.

molliter *gently, considerately*
tuōs = tuōs familiārēs (*i.e. slaves and freedmen*)
habeās: habēre *treat*
simplicius: simpliciter *frankly*
cōnfitēbor: cōnfitērī *confess*
tractem: tractāre *treat*
Homēricum illud *that phrase of Homer's*
πατὴρ δ'ὣς ἤπιος ἦεν *gentle as a father he was*
quod sī *but if*
asperior: asper *tough*
5 frangeret: frangere *shatter, overwhelm*
īnfirmitās, f. *illness*
hūmānitās, f. *kindness*
exhibenda: exhibēre *show*
eget: egēre *need*
officiōsus *conscientious*
litterātus *educated*
ars, f. *profession*
īnscrīptiō, f. *label, qualification*
cōmoedus, m. *actor*
prōnūntiat: prōnūntiāre *speak, recite*
ācriter *forcefully, clearly*
sapienter *intelligently*
aptē *in character*
decenter *tastefully*
ūtitur: ūtī *play*
citharā: cithara, f. *lyre*
10 ultrā *better*
commodē *well*
carmina: carmen, n. *poem*
didicisse: discere *learn, train for*
sēdulō *in detail*
exposuī: expōnere *set out, explain*
iūcunda: iūcundus *pleasant*
ministeria: ministerium, n. *service*
praestāret: praestāre *render*
accēdit: accēdere *be an additional reason*
cāritās, f. *affection*
15 est...comparātum: comparāre *ordain, arrange*
accendat: accendere *kindle, stimulate*
carendī: carēre *lose*

semel *for the first time*
aliquot *a few, some*
īnstanter *vigorously*
reiēcit: reicere *spit, bring up*
ob *because of*
peregrīnātiōnem: peregrīnātiō, f. *stay, absence abroad*
20 cōnfirmātus: cōnfirmāre *restore to health*
imperat: imperāre *make demands of, put strain on*
veteris: vetus *old*
tussiculā: tussicula, f. *slight cough*
admonitus: admonēre *warn, remind*
reddidit: reddere *spit, vomit*
dēstināvī: dēstināre *resolve, decide*
Forō Iūliī *at Forum Iulii* (*a town in the south of France, now Fréjus*)
possidēs: possidēre *own, have*
referentem: referre *say*
āera = Form B: āēr, m. *air*
salūbrem: salūbris *healthy*
lac: lac, n. *milk*
25 cūrātiōnibus: cūrātiō, f. *cure, treatment*
accommodātissimum: accommodātus *suitable*
pateat: patēre *be thrown open for*
sūmptibus: sūmptus, m. *expense*
opus erit *there will be need*
modicō: modicum, n. *a moderate amount*
parcus *sparing, frugal*
continēns *moderate, abstemious*
nōn sōlum...vērum etiam *not only ...but also*
dēliciās: dēliciae, f.pl. *luxuries*
valētūdinis: valētūdō, f. *health*
frūgālitāte: frūgālitās, f. *self-denial, abstemiousness*
restringat: restringere *abstain from*
30 viāticī: viāticum, n. *money for the journey*
euntī: īre *travel*
tua = tua praedia

VI. 7

C. PLINIUS CALPURNIAE SUAE S.

scribis te absentia mea non mediocriter adfici unumque
habere solacium, quod pro me libellos meos teneas, saepe
etiam in vestigio meo colloces. gratum est quod nos requiris,
gratum quod his fomentis adquiescis; invicem ego epistulas
tuas lectito atque identidem in manus quasi novas sumo.   5
sed eo magis ad desiderium tui accendor: nam cuius litterae
tantum habent suavitatis, huius sermonibus quantum
dulcedinis inest! tu tamen quam frequentissime scribe, licet
hoc ita me delectet ut torqueat. vale.

VI. 16 (7–20)

Tacitus has asked Pliny to send him an account of the
death of his uncle (Pliny the Elder). Pliny starts his letter by
expressing pleasure that so distinguished a writer as Tacitus
should be putting this event on record. He remarks that his
uncle was the kind of man who not only wrote things worth
reading but also did things which were worth writing about.

Then Pliny begins an account of the events leading to his
uncle's death. 'My uncle was at Misenum in personal com-
mand of the fleet. On the twenty-fourth of August at about
the seventh hour, my mother pointed out to him a cloud of
unfamiliar size and shape. He had been sunbathing, then he
had bathed in cold water, and then taken a meal lying down;
by now he was at his studies. He called for his sandals, and
climbed to a place from where this unusual sight could best
be seen. A cloud was rising into the sky. To people looking
at it from a distance it was not clear from what mountain it
was coming, but afterwards people learnt it had been
Vesuvius. The general shape of the cloud I can best compare
to that of a pine-tree: for it rose up high with a very tall
trunk, and then spread out with several branches. I believe
this was because it had been pushed up by the original blast

mediocriter *a little*
adficī: adficere *affect*
sōlācium: sōlācium, n. *comfort*
vestīgiō: vestīgium, n. *place*
grātum: grātus *pleasing*
requīris: requīrere *miss, need, long for*
fōmentīs: fōmentum, n. *consolation*
adquiēscis: adquiēscere *find comfort*
invicem *in turn, for my part*

5 lēctitō: lēctitāre *read and re-read*
sūmō: sūmere *take, pick up*
eō magis *all the more*
dēsīderium: dēsīderium, n. *longing*
suāvitātis: suāvitās, f. *pleasure*
dulcēdinis: dulcēdō, f. *delight*
inest: inesse *be in*
licet *although*
torqueat: torquēre *torture*

and then, as this began to subside, it was left unsupported; overcome by its own weight, it began to disperse outwards. In places it was white, in other places a dark, dirty mess, according to the amount of soil and ashes it had carried up.'

magnum propiusque noscendum ut eruditissimo viro visum. iubet liburnicam aptari; mihi si venire una vellem facit copiam; respondi studere me malle, et forte ipse quod scriberem dederat. egrediebatur domo; accipit codicillos Rectinae Tasci imminenti periculo exterritae (nam villa eius subiacebat, nec ulla nisi navibus fuga): ut se tanto discrimini eriperet orabat. vertit ille consilium et quod studioso animo incohaverat obit maximo. deducit quadriremes, ascendit ipse non Rectinae modo sed multis (erat enim frequens amoenitas orae) laturus auxilium. properat illuc unde alii fugiunt, rectumque cursum recta gubernacula in periculum tenet adeo solutus metu, ut omnes illius mali motus omnes figuras ut deprenderat oculis dictaret enotaretque.

iam navibus cinis incidebat, quo propius accederent, calidior et densior; iam pumices etiam nigrique et ambusti et fracti igne lapides; iam vadum subitum ruinaque montis litora obstantia. cunctatus paulum an retro flecteret, mox gubernatori ut ita faceret monenti 'fortes' inquit 'fortuna iuvat: Pomponianum pete.' Stabiis erat diremptus sinu medio (nam sensim circumactis curvatisque litoribus mare infunditur); ibi quamquam nondum periculo adpropinquante, conspicuo tamen et cum cresceret proximo, sarcinas contulerat in naves, certus fugae si contrarius ventus resedisset. quo tunc avunculus meus secundissimo invectus, complectitur trepidantem consolatur hortatur, utque timorem eius sua securitate leniret, deferri in balineum iubet; lotus accubat cenat, aut hilaris aut (quod aeque magnum) similis hilari. interim e Vesuvio monte pluribus locis latissimae flammae altaque incendia relucebant, quorum fulgor et claritas tenebris noctis excitabatur. ille agrestium trepidatione ignes relictos desertasque villas per solitudinem

propius *at closer quarters, nearer*
nōscendum: nōscere *investigate*
ut *as one might expect*
ērudītissimō: ērudītus *learned,*
scholarly
liburnicam: liburnica, f. *fast boat*
aptārī: aptāre *make ready*
ūnā *as well*
cōpiam: cōpia, f. *opportunity, option*
mālle *prefer*
cōdicillōs: cōdicillī, m.pl. *note, message*
5 Tascī *wife of Tascius*
imminentī: imminēre *threaten*
exterritae: exterritus *terrified*
subiacēbat: subiacēre *lie beneath, lie in*
the path of
discrīminī: discrīmen, n. *peril*
ēriperet: ēripere *rescue, snatch from*
incohāverat: incohāre *begin*
obit: obīre *perform, accomplish*
dēdūcit: dēdūcere *launch*
quadrirēmēs: quadrirēmis, f. *quadri-*
reme, warship
ascendit: ascendere *go on board, embark*
frequēns *populous, densely populated*
amoenitās ōrae *that delightful stretch*
of coast
10 properat: properāre *hurry, speed*
rēctum: rēctus *straight, direct*
gubernācula: gubernāculum, n. *rudder*
malī: malum, n. *hideous thing*
mōtūs: mōtus, m. *movement, phase*
figūrās: figūra, f. *feature*
dēprenderat oculīs: dēprendere oculīs
observe
ēnotāret: ēnotāre *note down*
cinis, m. *ash*
accēderent: accēdere *come up, approach*
calidior: calidus *hot*
15 pūmicēs: pūmex, m. *bit of pumice*
ambūstī: ambūstus *scorched, charred*
lapidēs: lapis, m. *stone*
vadum, n. *shallow water*
subitum: subitus *sudden*
ruīnā: ruīna, f. *debris*
lītora: lītus, n. *shore*

obstantia: obstāns *blocking the way*
cūnctātus: cūnctārī *hesitate*
paulum *for a little while, for a moment*
retrō *back*
flecteret: flectere *turn*
gubernātōrī: gubernātor, m. *helmsman*
iuvat: iuvāre *help, assist*
Stabiīs *at Stabiae (a town 4 miles south*
of Pompeii)
dirēmptus: dirimere *cut off*
sinū: sinus, m. *bay*
20 sēnsim *gradually, gently*
circumāctīs: circumāctus *bent around,*
enclosed
curvātīs: curvātus *curved, curving*
īnfunditur: īnfundere *pour in, wash in*
adpropinquante = appropinquante
cōnspicuō: cōnspicuus *obvious, in full*
view
crēsceret: crēscere *grow, spread*
sarcinās: sarcinae, f.pl. *luggage*
contulerat: cōnferre *put*
resēdisset: residēre *abate, subside*
avunculus, m. *uncle*
secundissimō: secundus *favourable*
invectus: invehī *sail in*
25 complectitur: complectī *embrace*
trepidantem: trepidāre *tremble*
sēcūritāte: sēcūritās, f. *composure,*
imperturbability
lēnīret: lēnīre *calm, allay*
dēferrī: dēferre *carry*
balineum: balineum, n. *bath*
lōtus *having bathed, after his bath*
accubat: accubāre *recline at table*
hilaris *cheerful*
aequē *equally*
interim *meanwhile*
relūcēbant: relūcēre *blaze, shine out*
30 fulgor, m. *glare*
clāritās, f. *brightness*
excitābātur: excitāre *heighten, em-*
phasise
agrestium: agrestēs, m.pl. *country folk*
trepidātiōne: trepidātiō, f. *panic, terror*
per sōlitūdinem *in the abandoned area*

ardere in remedium formidinis dictitabat. tum se quieti dedit et quievit verissimo quidem somno; nam meatus animae, qui illi propter amplitudinem corporis gravior et sonantior erat, ab iis qui limini obversabantur audiebatur. sed area ex 35 qua diaeta adibatur ita iam cinere mixtisque pumicibus oppleta surrexerat, ut si longior in cubiculo mora, exitus negaretur. excitatus procedit, seque Pomponiano ceterisque qui pervigilaverant reddit. in commune consultant, intra tecta subsistant an in aperto vagentur. nam crebris vastisque 40 tremoribus tecta nutabant, et quasi emota sedibus suis nunc huc nunc illuc abire aut referri videbantur. sub dio rursus quamquam levium exesorumque pumicum casus metuebatur, quod tamen periculorum collatio elegit; et apud illum quidem ratio rationem, apud alios timorem timor vicit. cer- 45 vicalia capitibus imposita linteis constringunt; id munimentum adversus incidentia fuit. iam dies alibi, illic nox omnibus noctibus nigrior densiorque; quam tamen faces multae variaque lumina solvebant. placuit egredi in litus, et ex proximo adspicere, ecquid iam mare admitteret; 50 quod adhuc vastum et adversum permanebat. ibi super abiectum linteum recubans semel atque iterum frigidam aquam poposcit hausitque. deinde flammae flammarumque praenuntius odor sulpuris alios in fugam vertunt, excitant illum. innitens servolis duobus adsurrexit et statim concidit, 55 ut ego colligo, crassiore caligine spiritu obstructo, clausoque stomacho qui illi natura invalidus et angustus et frequenter aestuans erat. ubi dies redditus (is ab eo quem novissime viderat tertius), corpus inventum integrum inlaesum opertumque ut fuerat indutus: habitus corporis quiescenti 60 quam defuncto similior.

Pliny breaks off his account here, remarking that Tacitus has asked only about his uncle's death. Finally he affirms that everything he has described in this letter has been either 'what I witnessed myself or what I heard immediately afterwards'.

formīdinis: formīdō, f. *dread, fear*
dictitābat: dictitāre *keep saying*
meātus, m. *passage*
animae: anima, f. *breath*
amplitūdinem: amplitūdō, f. *stoutness*
sonantior: sonāns *noisy*
35 obversābantur: obversārī *be near*
diaeta, f. *room*
opplētā: opplēre *fill up*
exitus, m. *way out, escape*
negārētur: negāre *deny, make impossible*
pervigilāverant: pervigilāre *sit up all
night*
in commūne *together*
intrā *inside, within*
40 subsistant: subsistere *stay, remain*
vagentur: vagārī *wander, roam around*
crēbrīs: crēber *frequent*
nūtābant: nūtāre *shake, totter*
ēmōta: ēmovēre *detach, tear*
sēdibus: sēdēs, f. *foundation*
sub diō *in the open, outside*
rūrsus *on the other hand*
exēsōrum: exēsus *porous*
cāsus, m. *falling*
metuēbātur: metuere *fear*
collātiō, f. *comparison*
ēlēgit: ēligere *choose, opt for*
45 ratiō, f. *reason*
cervīcālia: cervīcal, n. *pillow*
linteīs: linteum, n. *linen cloth*
cōnstringunt: cōnstringere *tie down*
mūnīmentum: mūnīmentum, n. *protection*
adversus *against*

alibī *elsewhere*
solvēbant: solvere *relieve*
50 ecquid *whether . . . anything*
vastum: vastus *swollen*
permanēbat: permanēre *remain*
abiectum: abicere *throw down*
recubāns: recubāre *lie down*
semel atque iterum *time and time again,
repeatedly*
frīgidam: frīgidus *cold*
praenūntius, m. *forerunner, warning
sign*
odor, m. *smell*
sulpuris: sulpur, n. *sulphur, brimstone*
55 innītēns: innītī *lean on*
servolīs: servolus, m. *young slave*
adsurrēxit: adsurgere *get up*
concidit: concidere *collapse*
colligō: colligere *think, imagine*
crassiōre: crassus *thick, dense*
cālīgine: cālīgō, f. *gas, fumes*
spīritū: spīritus, m. *breathing*
stomachō: stomachus, m. *throat, wind-
pipe*
invalidus *weak*
angustus *narrow*
aestuāns: aestuāre *be inflamed*
novissimē *last*
integrum: integer *intact*
inlaesum: inlaesus *uninjured*
60 opertum: operīre *cover*
indūtus: induere *dress*
habitus, m. *appearance*
quiēscentī: quiēscere *sleep*
dēfūnctō: dēfūnctus *dead*

VI. 23

impense petis ut agam causam pertinentem ad curam tuam,
pulchram alioqui et famosam. faciam, sed non gratis. 'qui
fieri potest' inquis 'ut non gratis tu?' potest: exigam enim
mercedem honestiorem gratuito patrocinio. peto atque etiam
pacisor ut simul agat Cremutius Ruso. solitum hoc mihi   5
et iam in pluribus claris adulescentibus factitatum; nam mire
concupisco bonos iuvenes ostendere foro, adsignare famae.
quod si cui, praestare Rusoni meo debeo, vel propter
natales ipsius vel propter eximiam mei caritatem; quem
magni aestimo in isdem iudiciis, ex isdem etiam partibus   10
conspici audiri. obliga me, obliga ante quam dicat; nam
cum dixerit gratias ages. spondeo sollicitudini tuae, spei
meae, magnitudini causae suffecturum. est indolis optimae
brevi producturus alios, si interim provectus fuerit a nobis.
neque enim cuiquam tam clarum statim ingenium ut possit   15
emergere, nisi illi materia occasio, fautor etiam commen-
datorque contingat. vale.

VI. 25

scribis Robustum, splendidum equitem Romanum, cum
Atilio Scauro amico meo Ocriculum usque commune iter
peregisse, deinde nusquam comparuisse; petis ut Scaurus
veniat nosque, si potest, in aliqua inquisitionis vestigia
inducat. veniet; vereor ne frustra. suspicor enim tale nescio   5
quid Robusto accidisse quale aliquando Metilio Crispo
municipi meo. huic ego ordinem impetraveram atque etiam
proficiscenti quadraginta milia nummum ad instruendum se
ornandumque donaveram, nec postea aut epistulas eius aut
aliquem de exitu nuntium accepi. interceptusne sit a suis an   10
cum suis dubium: certe non ipse, non quisquam ex servis eius

VI. 23

impēnsē *earnestly*
causam: causa, f. *case, lawsuit*
pertinentem: pertinēre *concern, involve*
aliōquī *besides, in any case*
fāmōsam: fāmōsus *good for one's reputation*
exigam: exigere *demand, exact*
mercēdem: mercēs, f. *fee, payment*
grātuītō: grātuītus *free*
patrōciniō: patrōcinium, n. *patronage, advocacy*
5 pacīscor: pacīscī *stipulate*
adulēscentibus: adulēscēns, m. *young man*
factitātum: factitāre *do often*
mīrē *especially*
concupīscō: concupīscere *desire, be anxious*
adsignāre *put on the path to*
praestāre *be responsible for, help*
nātālēs: nātālēs, m. pl. *birth, family*
eximiam: eximius *marked, outstanding*
cāritātem: cāritās, f. *affection, regard*

10 magnī aestimō *I think important*
iūdiciīs: iūdicium, n. *case, lawsuit*
partibus: pars, f. *side*
obligā: obligāre *oblige, do a favour for*
spondeō: spondēre *promise, guarantee*
sollicitūdinī: sollicitūdō, f. *anxiety, concern*
magnitūdinī: magnitūdō, f. *importance*
suffectūrum (esse): sufficere *live up to, satisfy*
indolis: indolēs, f. *talent*
est...prōductūrus: prōdūcere *bring forward*
interim *meanwhile*
prōvectus fuerit: prōvehere *promote, advance*
15 ingenium, n. *ability*
ēmergere *become known*
māteria, f. *scope*
fautor, m. *supporter*
commendātor, m. *patron*
contingat: contingere *be available to*

VI. 25

Ocriculum usque *as far as Ocriculum (a town in Umbria, north-east of Rome)*
commūne: commūnis *common, shared*
perēgisse: peragere *complete*
compāruisse: compārēre *show up, appear*
inquīsītiōnis: inquīsītiō, f. *search*
vestīgia: vestīgium, n. *track, trail*
5 indūcat: indūcere *lead to, put on*
suspicor: suspicārī *suspect*
tāle nesciō quid *something or other like this*
aliquandō *once*

mūnicipī: mūniceps, m. *fellow-townsman*
ōrdinem: ōrdō, m. *rank of centurion*
impetrāveram: impetrāre *gain by request*
nummum = nummōrum: nummus, m. *sesterce (a Roman coin)*
īnstruendum: īnstruere *fit out*
ōrnandum: ōrnāre *equip*
dōnāveram: dōnāre *present, give*
10 exitū: exitus, m. *death*
interceptus...sit: intercipere *waylay, kill*
dubium: dubius *unknown, uncertain*

adparuit, ut ne Robusti quidem. experiamur tamen, accer-
samus Scaurum; demus hoc tuis, demus optimi adulescentis
honestissimis precibus, qui pietate mira mira etiam sagacitate
patrem quaerit. di faveant ut sic inveniat ipsum, quemad- 15
modum iam cum quo fuisset invenit! vale.

VI.34

C. PLINIUS MAXIMO SUO S.

recte fecisti quod gladiatorium munus Veronensibus nostris
promisisti, a quibus olim amaris suspiceris ornaris. inde
etiam uxorem carissimam tibi et probatissimam habuisti,
cuius memoriae aut opus aliquod aut spectaculum atque hoc
potissimum, quod maxime funeri, debebatur. praeterea tanto 5
consensu rogabaris, ut negare non constans, sed durum
videretur. illud quoque egregie, quod tam facilis tam liberalis
in edendo fuisti; nam per haec etiam magnus animus osten-
ditur. vellem Africanae, quas coemeras plurimas, ad praefi-
nitum diem occurrissent: sed licet cessaverint illae tempestate 10
detentae, tu tamen meruisti ut acceptum tibi fieret, quod
quo minus exhiberes, non per te stetit. vale.

VII.5

C. PLINIUS CALPURNIAE SUAE S.

incredibile est quanto desiderio tui tenear. in causa amor
primum, deinde quod non consuevimus abesse. inde est
quod magnam noctium partem in imagine tua vigil exigo;
inde quod interdiu, quibus horis te visere solebam, ad
diaetam tuam ipsi me, ut verissime dicitur, pedes ducunt; 5
quod denique aeger et maestus ac similis excluso a vacuo
limine recedo. unum tempus his tormentis caret, quo in foro
et amicorum litibus conteror. aestima tu, quae vita mea sit,
cui requies in labore, in miseria curisque solacium. vale.

adpāruit = appāruit
experiāmur: experīrī *try*
accersāmus = arcessāmus
dēmus *let us grant*
adulēscentis: adulēscēns, m. *young man*

pietāte: pietās, f. *devotion to one's family, sense of duty*
sagācitāte: sagācitās, f. *intelligence, common sense*
15 quemadmodum *in the way that*

VI. 34

mūnus: mūnus, n. *show*
Vērōnēnsibus: Vērōnēnsēs, m.pl. *people of Verona (a town in northern Italy)*
prōmīsistī: prōmittere *put on, arrange*
ōlim *for some time now*
suspiceris: suspicere *esteem*
ōrnāris: ōrnāre *honour*
inde *from that place*
probātissimam: probātus *excellent*
opus, n. *public building*
5 potissimum *especially*
fūnerī: fūnus, n. *funeral tribute*
cōnsēnsū: cōnsēnsus, m. *unanimity, common feeling*
cōnstāns *strong-minded*

ēgregiē *admirably*
facilis *ready*
līberālis *generous, lavish*
ēdendō: ēdere *give a show*
Āfricānae (ferae) *African panthers*
coēmerās: coemere *buy up, purchase*
praefīnītum: praefīnītus *arranged, appointed*
10 occurrissent: occurrere *turn up*
licet *although*
cessāverint: cessāre *fail to appear*
meruistī: merēre *deserve*
quō minus *that . . . not*
exhibērēs: exhibēre *present, put on show*
per tē stetit *it was your fault*

VII. 5

dēsīderiō: dēsīderium, n. *longing, pining*
cōnsuēvimus: cōnsuēscere *get used to*
inde est quod *thus it is that, that is the reason why*
in imāgine tuā: *in thinking of you, with you in my mind's eye*
vigil *sleepless*
exigō: exigere *spend, use*
interdiū *during the day*
vīsere *visit*
5 diaetam: diaeta, f. *room*

maestus *sorrowful*
exclūsō: exclūdere *shut out*
vacuō: vacuus *empty, deserted*
recēdō: recēdere *go away, leave*
caret: carēre *be free from*
lītibus: līs, f. *case, lawsuit*
conteror: conterere *wear out, exhaust*
requiēs, f. *rest, respite*
miseriā: miseria, f. *unhappiness*
sōlācium, n. *distraction*

VII.16

C. PLINIUS FABATO PROSOCERO SUO S.

Calestrium Tironem familiarissime diligo et privatis mihi et publicis necessitudinibus implicitum. simul militavimus, simul quaestores Caesaris fuimus. ille me in tribunatu liberorum iure praecessit, ego illum in praetura sum consecutus, cum mihi Caesar annum remisisset. ego in villas eius saepe secessi, ille in domo mea saepe convaluit. hic nunc pro consule provinciam Baeticam per Ticinum est petiturus. spero, immo confido facile me impetraturum, ex itinere deflectat ad te, si voles vindicta liberare, quos proxime inter amicos manumisisti. nihil est quod verearis ne sit hoc illi molestum, cui orbem terrarum circumire non erit longum mea causa. proinde nimiam istam verecundiam pone, teque quid velis consule. illi tam iucundum quod ego, quam mihi quod tu iubes. vale.

VII.21

C. PLINIUS CORNUTO SUO S.

pareo, collega carissime, et infirmitati oculorum ut iubes consulo. nam et huc tecto vehiculo undique inclusus quasi in cubiculo perveni et hic non stilo modo verum etiam lectionibus difficulter sed abstineo, solisque auribus studeo. cubicula obductis velis opaca nec tamen obscura facio. cryptoporticus quoque adopertis inferioribus fenestris tantum umbrae quantum luminis habet. sic paulatim lucem ferre condisco. balineum adsumo quia prodest, vinum quia non nocet, parcissime tamen. ita adsuevi, et nunc custos adest.

gallinam ut a te missam libenter accepi; quam satis acribus oculis, quamquam adhuc lippus, pinguissimam vidi. vale.

prōsocerō: prōsocer, m. *wife's grand-father*
familiārissimē: familiāriter *dearly*
necessitūdinibus: necessitūdō, f. *connection, tie*
implicitum: implicitus *associated, attached*
quaestōrēs: quaestor, m. *quaestor (a magistrate)*
Caesaris: Caesar, m. *the Emperor*
tribūnātū: tribūnātus, m. *office of tribune, tribunate*
līberōrum iūre: līberōrum iūs, n. *privilege for fathers of children*
praecessit: praecēdere *precede*
praetūrā: praetūra, f. *praetorship*
sum cōnsecūtus: cōnsequī *catch up*
5 remīsisset: remittere *remit, let off*
sēcessī: sēcēdere *take a holiday*
prō cōnsule *as proconsul, as governor*
Baeticam: Baetica, f. *Baetica (one of the provinces in Spain)*

Tīcīnum: Tīcīnum, n. *Ticinum (a town in northern Italy, now Pavia)*
est...petītūrus: petere *go out to*
immo *in fact, indeed*
impetrātūrum (esse): impetrāre *obtain by request, succeed*
dēflectat: dēflectere *turn off, make a detour*
vindictā: vindicta, f. *formal manumission*
10 manūmīsistī: manūmittere *set at liberty, free*
orbem terrārum: orbis terrārum, m. *earth, the world*
circumīre *go round*
proinde *so, therefore*
nimiam: nimius *excessive*
verēcundiam: verēcundia, f. *diffidence, modesty*
pōne: pōnere *lay aside*
iūcundum: iūcundus *pleasant*

collēga, m. *colleague*
īnfirmitātī: īnfirmitās, f. *disorder, illness*
cōnsulō: cōnsulere *see to, be careful about*
tēctō: tegere *cover, close*
vehiculō: vehiculum, n. *carriage*
inclūsus: inclūdere *shut in*
stilō: stilus, m. *pen, writing*
vērum *but*
lēctiōnibus: lēctiō, f. *reading*
difficulter *with an effort*
abstineō: abstinēre *refrain from*
5 obductīs: obductus *drawn*
vēlīs: vēlum, n. *curtain, blind*
opāca: opācus *dark, dim*

obscūra: obscūrus *too dark to see*
cryptoporticus, f. *arcade*
adopertīs: adopertus *covered over*
īnferiōribus: īnferior *lower*
paulātim *gradually*
condiscō: condiscere *learn*
balineum: balineum, n. *bath*
adsūmō: adsūmere *take*
prōdest: prōdesse *be good, beneficial*
parcissimē: parcē *sparingly*
adsuēvī: adsuēscere *form a habit*
11 gallīnam: gallīna, f. *hen, chicken*
lippus *with inflamed eyes*
pinguissimam: pinguis *fat, plump*

VII. 24

C. PLINIUS GEMINO SUO S.

Ummidia Quadratilla paulo minus octogensimo aetatis anno
decessit usque ad novissimam valetudinem viridis, atque
etiam ultra matronalem modum compacto corpore et
robusto. decessit honestissimo testamento: reliquit heredes
ex besse nepotem, ex tertia parte neptem. neptem parum   5
novi, nepotem familiarissime diligo, adulescentem singu-
larem nec iis tantum, quos sanguine attingit, inter propin-
quos amandum. ac primum conspicuus forma omnes ser-
mones malignorum et puer et iuvenis evasit, intra quartum
et vicensimum annum maritus, et si deus adnuisset pater.   10
vixit in contubernio aviae delicatae severissime, et tamen
obsequentissime. habebat illa pantomimos fovebatque,
effusius quam principi feminae convenit. hos Quadratus
non in theatro, non domi spectabat, nec illa exigebat.
audivi ipsam cum mihi commendaret nepotis sui studia,   15
solere se, ut feminam in illo otio sexus, laxare animum lusu
calculorum, solere spectare pantomimos suos, sed cum
factura esset alterutrum, semper se nepoti suo praecepisse
abiret studeretque; quod mihi non amore eius magis facere
quam reverentia videbatur.   20

miraberis, et ego miratus sum. proximis sacerdotalibus
ludis, productis in commissione pantomimis, cum simul
theatro ego et Quadratus egrederemur, ait mihi: 'scis me
hodie primum vidisse saltantem aviae meae libertum?' hoc
nepos. at hercule alienissimi homines in honorem Quad-   25
ratillae (pudet me dixisse honorem) per adulationis officium
in theatrum cursitabant exsultabant plaudebant mirabantur
ac deinde singulos gestus dominae cum canticis reddebant;
qui nunc exiguissima legata, theatralis operae corollarium,
accipient ab herede, qui non spectabat. haec, quia soles si   30
quid incidit novi non invitus audire, deinde quia iucundum
est mihi quod ceperam gaudium scribendo retractare. gaudeo
enim pietate defunctae, honore optimi iuvenis; laetor etiam
quod domus aliquando C. Cassi, huius qui Cassianae scholae

VII.24

paulō *a little*
octōgēnsimō: octōgēnsimus *eightieth*
aetātis: aetās, f. *life*
dēcessit: dēcēdere *die, pass away*
novissimam: novissimus *last*
valētūdinem: valētūdō, f. *illness*
viridis *vigorous, youthful*
ultrā *beyond, more than*
mātrōnālem: mātrōnālis *of a woman*
compāctō: compāctus *sturdy*
rōbustō: rōbustus *hardy, tough*
5 besse: bēs, m. *two-thirds*
nepōtem: nepōs, m. *grandson*
neptem: neptis, f. *granddaughter*
parum *very little*
familiārissimē: familiāriter *dearly*
adulēscentem: adulēscēns, m. *young man*
singulārem: singulāris *remarkable, outstanding*
attingit: attingere *be close to, be related to*
inter propinquōs *as one of the family*
fōrmā: fōrma, f. *good looks, handsomeness*
malignōrum: malignus *malicious, slanderous*
ēvāsit: ēvādere *escape, avoid*
intrā *during*
10 vīcēnsimum: vīcēnsimus *twentieth*
adnuisset: adnuere *grant*
contuberniō: contubernium, n. *home, household*
aviae: avia, f. *grandmother*
dēlicātae: dēlicātus *pleasure-loving*
sevērissimē: sevērē *austerely*
obsequentissimē: obsequenter *obediently*
fovēbat: fovēre *pamper, spoil*
effūsius: effūsē *extravagantly*
prīncipī: prīnceps *noble, distinguished*
convenit: convenīre *suit, befit*
exigēbat: exigere *insist, compel*

15 commendāret: commendāre *entrust*
ōtiō: ōtium, n. *leisure*
sexūs: sexus, m. *sex*
laxāre *relax, amuse*
lūsū: lūsus, m. *playing*
calculōrum: calculī, m.pl. *draughts*
alterutrum: alteruter *either of two*
praecēpisse: praecipere *tell, instruct*
20 reverentiā: reverentia, f. *respect*
mīrāberis: mīrārī *be surprised*
lūdīs sacerdōtālibus *at the sacerdotal games (given by priests when they took up their appointment)*
prōductīs: prōdūcere *show, enter for a competition*
commissiōne: commissiō, f. *opening*
ait *he said*
saltantem: saltāre *dance*
25 hercule = hercle
aliēnissimī *complete outsiders*
honōrem: honōs, m. *honour, respect*
pudet mē *I am ashamed*
per adūlātiōnis officium *to perform their duty of flattery*
cursitābant: cursitāre *run about*
exsultābant: exsultāre *leap up*
singulōs: singulī *individual*
gestūs: gestus, m. *gesture*
canticīs: canticum, n. *song*
reddēbant: reddere *imitate*
exiguissima: exiguus *small*
lēgāta: lēgātum, n. *legacy*
operae: opera, f. *effort*
corōllārium: corōllārium, n. *gift, gratuity*
31 iūcundum: iūcundus *pleasant*
retractāre *recapture*
piētāte: piētās, f. *family affection*
dēfūnctae: dēfūnctus *dead*
laetor: laetārī *rejoice*
aliquandō *once*
scholae: schola, f. *school*

princeps et parens fuit, serviet domino non minori. implebit
enim illam Quadratus meus et decebit; rursusque ei pristinam
dignitatem celebritatem gloriam reddet, cum tantus orator
inde procedet, quantus iuris ille consultus. vale.

VII. 26

C. PLINIUS MAXIMO SUO S.

nuper me cuiusdam amici languor admonuit, optimos esse
nos dum infirmi sumus. quem enim infirmum aut avaritia
aut libido sollicitat? non amoribus servit, non adpetit
honores, opes neglegit et quantulumcumque, ut relicturus,
satis habet. tunc deos tunc hominem esse se meminit, invidet   5
nemini, neminem miratur neminem despicit, ac ne sermonibus quidem malignis aut attendit aut alitur: balinea ima-
ginatur et fontes. haec summa curarum, summa votorum
mollemque in posterum et pinguem, si contingat evadere,
hoc est innoxiam beatamque destinat vitam. possum ergo   10
quod plurimis verbis, plurimis etiam voluminibus philoso-
phi docere conantur, ipse breviter tibi mihique praecipere, ut
tales esse sani perseveremus, quales nos futuros profitemur
infirmi. vale.

VII. 29

C. PLINIUS MONTANO SUO S.

ridebis, deinde indignaberis, deinde ridebis, si legeris, quod
nisi legeris non potes credere. est via Tiburtina intra primum
lapidem (proxime adnotavi) monimentum Pallantis ita
inscriptum: 'huic senatus ob fidem pietatemque erga patro-
nos ornamenta praetoria decrevit et sestertium centies   5
quinquagies, cuius honore contentus fuit.' equidem numquam sum miratus quae saepius a fortuna quam a iudicio

35 minōrī: minor *less*
implēbit: implēre *fill, make great*
decēbit: decēre *do honour to*
prīstinam: prīstinus *former, ancient*

celebritātem: celebritās, f. *fame*
inde *from it*
iūris cōnsultus, m. *lawyer*

VII. 26

languor, m. *poor health*
admonuit: admonēre *remind*
īnfirmī: īnfirmus *ill*
avāritia, f. *greed*
libīdō, f. *lust*
sollicitat: sollicitāre *trouble*
servit: servīre *be a slave*
adpetit: adpetere *strive for, aim at*
quantulumcumque *any tiny amount*
5 invidet: invidēre *envy*
mīrātur: mīrārī *admire*
malignīs: malignus *slanderous*
attendit: attendere *listen to, take an interest in*
alitur: alere *satisfy, sustain*
balinea: balineum, n. *bath*
imāginātur: imāginārī *imagine, picture to oneself*

summa, f. *sum total*
vōtōrum: vōtum, n. *prayer*
mollem: mollis *pleasant*
posterum: posterus *future*
pinguem: pinguis *easy*
contingat: contingere *fall to one's lot*
ēvādere *escape, recover*
10 innoxiam: innoxius *harmless*
beātam: beātus *happy*
dēstinat: dēstināre *intend*
volūminibus: volūmen, n. *volume, book*
breviter *briefly*
praecipere *teach, lay down as a rule*
persevērēmus: persevērāre *continue, persist*
profitēmur: profitērī *vow, solemnly undertake*

VII. 29

indignāberis: indignārī *be angry, be displeased*
viā Tīburtīnā *on the road to Tibur (modern Tivoli)*
intrā *within, this side of*
lapidem: lapis, m. *milestone*
proximē *very recently*
adnotāvī: adnotāre *notice*
monimentum, n. *monument*
Pallantis: Pallās, m. *Pallas (freedman and financial secretary of the Emperor Claudius)*

īnscrīptum: īnscrībere *inscribe*
ob *on account of, for*
piētātem: piētās, f. *loyalty, good service*
ergā *towards*
5 praetōria: praetōrius *of a praetor*
dēcrēvit: dēcernere *decree, vote*
sestertium = sestertiōrum: sestertius, m. *sesterce (a Roman coin)*
centiēs quīnquāgiēs *fifteen million*
equidem *personally, indeed*
sum mīrātus: mīrārī *admire*
iūdiciō: iūdicium, n. *decision*

proficiscerentur; maxime tamen hic me titulus admonuit, quam essent mimica et inepta, quae interdum in hoc caenum, in has sordes abicerentur, quae denique ille furcifer et recipere ausus est et recusare, atque etiam ut moderationis exemplum posteris prodere. sed quid indignor? ridere satius, ne se magnum aliquid adeptos putent, qui huc felicitate perveniunt ut rideantur. vale.

10

VIII.16

C. PLINIUS PATERNO SUO S.

confecerunt me infirmitates meorum, mortes etiam, et quidem iuvenum. solacia duo nequaquam paria tanto dolori, solacia tamen: unum facilitas manumittendi (videor enim non omnino immaturos perdidisse, quos iam liberos perdidi), alterum quod permitto servis quoque quasi testamenta facere, eaque ut legitima custodio. mandant rogantque quod visum; pareo ut iussus. dividunt donant relinquunt, dumtaxat intra domum; nam servis res publica quaedam et quasi civitas domus est. sed quamquam his solaciis adquiescam, debilitor et frangor eadem illa humanitate, quae me ut hoc ipsum permitterem induxit. non ideo tamen velim durior fieri. nec ignoro alios eius modi casus nihil amplius vocare quam damnum, eoque sibi magnos homines et sapientes videri. qui an magni sapientesque sint, nescio; homines non sunt. hominis est enim adfici dolore sentire, resistere tamen et solacia admittere, non solaciis non egere. verum de his plura fortasse quam debui; sed pauciora quam volui. est enim quaedam etiam dolendi voluptas, praesertim si in amici sinu defleas, apud quem lacrimis tuis vel laus sit parata vel venia. vale.

5

10

15

20

proficīscerentur: proficīscī *proceed*
(*from*), *depend* (*on*)
admonuit: admonēre *remind*
mīmica: mīmicus *farcical, ridiculous*
inepta: ineptus *senseless, unsuitable*
interdum *from time to time*
caenum: caenum, n. *filth*
10 sordēs: sordēs, f. *dirt*
abicerentur: abicere *throw away*

moderātiōnis: moderātiō, f. *moderation,
restraint*
posterīs: posterī, m.pl. *posterity, future
generations*
prōdere *show, display*
satius *better*
adeptōs (esse): adipīscī *obtain, achieve*
fēlīcitāte: fēlīcitās, f. *luck*

VIII.16

cōnfēcērunt: cōnficere *distress greatly*
īnfirmitātēs: īnfirmitās, f. *illness*
meōrum = meōrum familiārium (*i.e.
slaves and freedmen*)
sōlācia: sōlācium, n. *consolation*
nēquāquam *by no means*
paria: pār *equal*
facilitās, f. *readiness, willingness*
manūmittendī: manūmittere *grant
freedom*
omnīnō *altogether*
immātūrōs: immātūrus *before time,
premature*
perdidisse: perdere *lose*
6 lēgitima: lēgitimus *legally binding*
dōnant: dōnāre *make gifts*
dumtaxat *as long as, provided that*
intrā *within*
cīvitās, f. *state, country*

adquiēscam: adquiēscere *take comfort,
be consoled*
10 dēbilitor: dēbilitāre *weaken, dishearten*
hūmānitāte: hūmānitās, f. *humanity,
consideration*
indūxit: indūcere *lead, induce*
ideō *for that reason*
cāsūs: cāsus, m. *misfortune*
amplius *more*
damnum: damnum, n. *financial loss*
15 adficī: adficere *affect, touch*
egēre *need*
vērum *but*
voluptās, f. *pleasure*
praesertim *especially*
sinū: sinus, m. *bosom, arms*
dēfleās: dēflēre *weep*
laus, f. *approval*
venia, f. *kindness, sympathy*

43

VIII.17

C. PLINIUS MACRINO SUO S.

num istic quoque immite et turbidum caelum? hic adsiduae
tempestates et crebra diluvia. Tiberis alveum excessit et
demissioribus ripis alte superfunditur; quamquam fossa
quam providentissimus imperator fecit exhaustus, premit
valles, innatat campis, quaque planum solum, pro solo   5
cernitur. inde quae solet flumina accipere et permixta deve-
here, velut obvius retro cogit, atque ita alienis aquis operit
agros, quos ipse non tangit. Anio, delicatissimus amnium
ideoque adiacentibus villis velut invitatus retentusque,
magna ex parte nemora quibus inumbratur fregit et rapuit;   10
subruit montes, et decidentium mole pluribus locis clausus,
dum amissum iter quaerit, impulit tecta ac se super ruinas
eiecit atque extulit. viderunt quos excelsioribus terris illa
tempestas deprehendit, alibi divitum adparatus et gravem
supellectilem, alibi instrumenta ruris, ibi boves aratra   15
rectores, hic soluta et libera armenta, atque inter haec arborum truncos aut villarum trabes atque culmina varie late-
que fluitantia. ac ne illa quidem malo vacaverunt, ad quae
non ascendit amnis. nam pro amne imber adsiduus et deiecti
nubibus turbines, proruta opera quibus pretiosa rura cingun- 20
tur, quassata atque etiam decussa monumenta. multi eius
modi casibus debilitati obruti obtriti, et aucta luctibus
damna.

ne quid simile istic, pro mensura periculi vereor, teque
rogo, si nihil tale, quam maturissime sollicitudini meae   25
consulas, sed et si tale, id quoque nunties. nam parvolum
differt, patiaris adversa an exspectes; nisi quod tamen est
dolendi modus, non est timendi. doleas enim quantum scias
accidisse, timeas quantum possit accidere. vale.

VIII.17

istīc *over there, where you are*
immīte: immītis *harsh, rough*
turbidum: turbidus *stormy, turbulent*
caelum, n. *sky, weather*

adsiduae: adsiduus *unending, constant*
crēbra: crēber *frequent*
dīluvia: dīlūvium, n. *flood*
Tiberis, m. *the river Tiber*

alveum: alveus, m. *channel*
excessit: excēdere *overflow*
dēmissiōribus: dēmissus *low*
rīpīs: rīpa, f. *bank*
altē *deeply*
superfunditur: superfundere *pour over,*
  overflow
fossā: fossa, f. *canal, channel, drain*
prōvidentissimus: prōvidēns *provident,*
  prudent
exhaustus: exhaurīre *drain*
premit: premere *overwhelm, fill*
5 vallēs: vallis, f. *valley*
innatat: innatāre *flow over, inundate*
campīs: campus, m. *field, plain*
quāque *and where*
plānum: plānus *level, flat*
solum, n. *ground, soil*
prō *in place of*
cernitur: cernere *see*
inde *thus, so*
permixta: permixtus *mingled, united*
dēvehere *carry down*
velut *as if, so to speak*
obvius *meeting, obstructing*
retrō *backwards*
aliēnīs *of another*
operit: operīre *cover*
Aniō, m. *the Anio (a branch of the*
  Tiber)
dēlicātissimus: dēlicātus *delightful*
amnium: amnis, m. *river, stream*
ideō *for that reason*
adiacentibus: adiacēre *be on, beside*
10 nemora: nemus, n. *wood*
inumbrātur: inumbrāre *shade*
subruit: subruere *undermine*
montēs: mōns, m. *embankment*
dēcidentium=dēcidentium montium
mōle: mōlēs, f. *mass*
iter: iter, n. *course*
impulit: impellere *damage, wreck*
super *over*
sē...extulit: sē efferre *find one's way*
  out, emerge
excelsiōribus: excelsus *high*
dēprehendit: dēprehendere *catch,*
  maroon

alibī...alibī *in some places...in other*
  places
adparātūs: adparātus, m. *furniture*
gravem: gravis *heavy, valuable*
15 supellectilem: supellex, f. *household*
  utensils, fittings
īnstrūmenta rūris *farm implements*
bovēs: bōs, m. *ox*
arātra: arātrum, n. *plough*
rēctōrēs: rēctor, m. *herdsman, plough-*
  man
armenta: armentum, n. *herd*
arborum: arbor, f. *tree*
truncōs: truncus, m. *trunk*
trabēs: trabs, f. *beam, timber*
culmina: culmen, n. *roof*
variē *in confusion*
lātē *widely*
fluitantia: fluitāre *float about*
malō: malum, n. *disaster*
vacāvērunt: vacāre *be free (from), escape*
imber, m. *heavy rain*
20 nūbibus: nūbēs, f. *cloud*
turbinēs: turbō, m. *gale, storm*
prōruta: prōruere *tear down, demolish*
opera: opus, n. *building, wall*
rūra: rūs, n. *farmland*
cinguntur: cingere *enclose*
quassāta: quassāre *shake, batter*
dēcussa: dēcutere *knock down*
cāsibus: cāsus, m. *accident*
dēbilitātī (sunt): dēbilitāre *maim,*
  disable
obrutī (sunt): obruere *bury, overwhelm*
obtrītī (sunt): obterere *crush, bruise*
lūctibus: lūctus, m. *grief, mourning*
damna: damnum, n. *financial loss*
prō mēnsūrā *in proportion (to)*
25 mātūrissimē: mātūrē *early, soon*
sollicitūdinī: sollicitūdō, f. *anxiety,*
  worry
cōnsulās: cōnsulere *be concerned, have*
  regard (for)
parvolum *little, very little*
differt: differre *make a difference*
adversa: adversa, n.pl. *disaster*
modus, m. *limit*

45

IX.6

C. PLINIUS CALVISIO SUO S.

omne hoc tempus inter pugillares ac libellos iucundissima
quiete transmisi. 'quemadmodum' inquis 'in urbe potuisti?'
Circenses erant, quo genere spectaculi ne levissime quidem
teneor. nihil novum nihil varium, nihil quod non semel
spectasse sufficiat. quo magis miror tot milia virorum tam   5
pueriliter identidem cupere currentes equos, insistentes
curribus homines videre. si tamen aut velocitate equorum
aut hominum arte traherentur, esset ratio non nulla; nunc
favent panno pannum amant, et si in ipso cursu
medioque certamine hic color illuc ille huc transferatur,   10
studium favorque transibit, et repente agitatores illos equos
illos, quos procul noscitant, quorum clamitant nomina
relinquent. tanta gratia tanta auctoritas in una vilissima
tunica, mitto apud vulgus, quod vilius tunica, sed apud
quosdam graves homines; quos ego cum recordor, in re   15
inani frigida adsidua, tam insatiabiliter desidere, capio
aliquam voluptatem, quod hac voluptate non capior. ac per
hos dies libentissime otium meum in litteris colloco, quos
alii otiosissimis occupationibus perdunt. vale.

IX.12

C. PLINIUS IUNIORI SUO S.

castigabat quidam filium suum quod paulo sumptuosius
equos et canes emeret. huic ego iuvene digresso: 'heus tu,
numquamne fecisti, quod a patre corripi posset? "fecisti"
dico? non interdum facis quod filius tuus, si repente pater
ille tu filius, pari gravitate reprehendat? non omnes homines   5
aliquo errore ducuntur? non hic in illo sibi, in hoc alius
indulget?' haec tibi admonitus immodicae severitatis exemplo, pro amore mutuo scripsi, ne quando tu quoque filium
tuum acerbius duriusque tractares. cogita et illum puerum
esse et te fuisse, atque ita hoc quod es pater utere, ut memin-   10
eris et hominem esse te et hominis patrem. vale.

IX . 6

pugillārēs: pugillārēs, m.pl. *writing-tablets*
iūcundissima: iūcundus *pleasant*
trānsmīsī: trānsmittere *spend*
quemadmodum? *how?*
Circēnsēs, m.pl. *the Races (in the Circus)*
genere: genus, n. *type, kind*
levissimē: leviter *slightly*
semel *once*
5 spectāsse = spectāvisse
sufficiat: sufficere *be enough*
quō magis *so all the more*
mīror: mīrārī *be surprised*
puerīliter *childishly*
insistentēs: īnsistere *stand in*
curribus: currus, m. *chariot*
vēlōcitāte: vēlōcitās, f. *speed*
traherentur: trahere *attract*
nunc *in fact*
pannō: pannus, m. *bit of cloth (i.e. charioteer's tunic)*
cursū: cursus, m. *course, race*
10 color, m. *set of racing colours*

studium, n. *enthusiasm*
repente *suddenly*
agitātōrēs: agitātor, m. *driver*
nōscitant: nōscitāre *recognise*
clāmitant: clāmitāre *keep shouting, chant*
grātia, f. *influence*
vīlissimā: vīlis *worthless*
mittō apud vulgus *never mind with the riff-raff*
vilius tunicā = vīlius quam tunica
15 recordor: recordārī *recall*
frīgidā: frīgidus *boring, pointless*
adsiduā: adsiduus *endless*
īnsatiābiliter *tirelessly, enthusiastically*
dēsidēre *sit idle*
aliquam: aliquī *some*
voluptātem: voluptās, f. *pleasure*
ōtium, n. *leisure, spare time*
litterīs: litterae, f.pl. *serious writing, literature*
collocō: collocāre *spend, occupy*
ōtiōsissimus: ōtiōsus *idle, useless*
perdunt: perdere *waste, lose*

IX . 12

castīgābat: castīgāre *reprove, lecture*
paulō *a little, rather*
dīgressō: dīgredī *go away, leave*
corripī: corripere *criticise*
interdum *sometimes*
repente *suddenly*
5 parī: pār *equal*
gravitāte: gravitās, f. *severity*
reprehendat: reprehendere *rebuke, criticise*
errōre: error, m. *mistake, failing*

dūcuntur: dūcere *lead astray*
immodicae: immodicus *excessive*
sevēritātis: sevēritās, f. *strictness*
prō *for the sake of*
quandō *at any time*
acerbius: acerbē *harshly*
dūrius: dūrē *severely*
tractārēs: tractāre *treat*
10 hōc quod *the fact that*
ūtere: ūtī *use*

47

IX.15

refugeram in Tuscos, ut omnia ad arbitrium meum facerem.
at hoc ne in Tuscis quidem: tam multis undique rusticorum
libellis et tam querulis inquietor, quos aliquanto magis
invitus quam meos lego; nam et meos invitus. retracto enim
actiunculas quasdam, quod post intercapedinem temporis et 5
frigidum et acerbum est. rationes quasi absente me negle-
guntur. interdum tamen equum conscendo et patrem familiae
hactenus ago, quod aliquam partem praediorum, sed pro
gestatione percurro. tu consuetudinem serva, nobisque sic
rusticis urbana acta perscribe. vale. 10

IX.27

quanta potestas, quanta dignitas, quanta maiestas, quantum
denique numen sit historiae, cum frequenter alias tum
proxime sensi. recitaverat quidam verissimum librum, par-
temque eius in alium diem reservaverat. ecce amici cuiusdam
orantes obsecrantesque, ne reliqua recitaret. tantus audiendi 5
quae fecerint pudor, quibus nullus faciendi quae audire
erubescunt. et ille quidem praestitit quod rogabatur (sinebat
fides); liber tamen ut factum ipsum manet manebit legetur-
que semper, tanto magis quia non statim. incitantur enim
homines ad noscenda quae differuntur. vale. 10

IX.33

incidi in materiam veram sed simillimam fictae, dignamque
isto laetissimo altissimo planeque poetico ingenio; incidi
autem, dum super cenam varia miracula hinc inde referuntur.
magna auctori fides: tametsi quid poetae cum fide? is tamen

IX . 15

refūgeram: refugere *take refuge*
Tuscōs: Tuscī, m.pl. *Tuscany (an area north of Rome)*
arbitrium: arbitrium, n. *judgement, will*
rūsticōrum: rūsticī, m.pl. *country folk, local people*
libellīs: libellus, m. *petition*
querulīs: querulus *full of complaints*
inquiētor: inquiētāre *disturb, pester*
aliquantō *somewhat*
retractō: retractāre *revise*
5 āctiunculās: āctiuncula, f. *minor speech*
intercapēdinem: intercapēdō, f. *interval, lapse*
frīgidum: frīgidus *boring, dull*

acerbum: acerbus *disagreeable*
ratiōnēs: ratiō, f. *account*
interdum *sometimes*
patrem familiae: pater familiae, m. *proprietor, land-owner*
hāctenus. . .quod *to the extent that*
agō: agere *play the part of*
gestātiōne: gestātiō, f. *ride*
percurrō: percurrere *go round*
cōnsuētūdinem: cōnsuētūdō, f. *habit*
10 rūsticīs: rūsticus *in the country, simple*
urbāna: urbānus *in the city, sophisticated*
ācta: āctum, n. *news, event*
perscrībe: perscrībere *write in detail*

IX . 27

maiestās, f. *grandeur, majesty*
nūmen, n. *divine power*
cum. . .tum *both*. . .*and*
aliās *on other occasions*
proximē *recently*
reservāverat: reservāre *save up, reserve*
5 obsecrantēs: obsecrāre *implore*

pudor, m. *shame*
ērubēscunt: ērubēscere *blush*
praestitit: praestāre *comply with, grant*
sinēbat: sinere *permit*
fidēs, f. *sincerity, integrity*
10 nōscenda: nōscere *find out about*
differuntur: differre *postpone, put off*

IX . 33

incidī in: incidere in *come across*
māteriam: māteria, f. *story*
fictae: fictus *made up, imaginary*
laetissimō: laetus *fertile, creative*
altissimō: altus *profound, lofty*
plānē *extremely, particularly*

super *over*
hinc inde *on this side and on that*
referuntur: referre *describe, talk about, relate*
auctōrī: auctor, m. *narrator, teller*
tametsī *though*

49

auctor, cui bene vel historiam scripturus credidisses. est in
Africa Hipponensis colonia mari proxima. adiacet navigabile
stagnum; ex hoc in modum fluminis aestuarium emergit,
quod vice alterna, prout aestus aut repressit aut impulit,
nunc infertur mari, nunc redditur stagno. omnis hic aetas
piscandi navigandi atque etiam natandi studio tenetur,
maxime pueri, quos otium lususque sollicitat. his gloria et
virtus altissime provehi: victor ille, qui longissime ut litus ita
simul natantes reliquit. hoc certamine puer quidam audentior
ceteris in ulteriora tendebat. delphinus occurrit, et nunc
praecedere puerum nunc sequi nunc circumire, postremo
subire deponere iterum subire, trepidantemque perferre
primum in altum, mox flectit ad litus, redditque terrae et
aequalibus. serpit per coloniam fama; concurrere omnes,
ipsum puerum tamquam miraculum adspicere, interrogare
audire narrare. postero die obsident litus, prospectant mare
et si quid est mari simile. natant pueri, inter hos ille, sed
cautius. delphinus rursus ad tempus, rursus ad puerum. fugit
ille cum ceteris. delphinus, quasi invitet et revocet, exsilit
mergitur, variosque orbes implicat expeditque. hoc altero
die, hoc tertio, hoc pluribus, donec homines innutritos mari
subiret timendi pudor. accedunt et adludunt et adpellant,
tangunt etiam pertrectantque praebentem. crescit audacia
experimento. maxime puer, qui primus expertus est, adnatat
nanti, insilit tergo, fertur referturque, agnosci se amari putat,
amat ipse; neuter timet, neuter timetur; huius fiducia,
mansuetudo illius augetur. nec non alii pueri dextra laevaque
simul eunt hortantes monentesque. ibat una (id quoque
mirum) delphinus alius, tantum spectator et comes. nihil
enim simile aut faciebat aut patiebatur, sed alterum illum
ducebat reducebat, ut puerum ceteri pueri. incredibile, tam
verum tamen quam priora, delphinum gestatorem collu-
soremque puerorum in terram quoque extrahi solitum,
harenisque siccatum, ubi incaluisset in mare revolvi. constat
Octavium Avitum, legatum proconsulis, in litus educto
religione prava superfudisse unguentum, cuius illum

5

10

15

20

25

30

35

40

6 Hippōnēnsis *of Hippo* (*a small Roman colony near the modern Tunis*)
colōnia, f. *Roman colony, Roman town*
adiacet: adiacēre *lie near*
stāgnum, n. *lagoon, lake*
aestuārium, n. *estuary*
vice alternā *alternately*
prōut *as*
aestus, m. *tide*
repressit: reprimere *force back*
impulit: impellere *carry forward*
aetās, f. *age group*
10 piscandī: piscārī *fish*
ōtium, n. *leisure, spare time*
lūsus, m. *sport, love of sport*
sollicitat: sollicitāre *urge on, encourage*
altissimē *very far out, into very deep water*
prōvehī: prōvehere *carry out*
ut. . .ita *both. . .and*
lītus: lītus, n. *shore*
certāmine: certāmen, n. *competition*
ulteriōra: ulterior *farther*
tendēbat: tendere *go, venture*
delphīnus, m. *dolphin*
occurrit: occurrere *come up, meet*
15 praecēdere *go before*
circumīre *go round, encircle*
subīre *come up under, take on one's back*
trepidantem: trepidāre *tremble, be scared, terrified*
perferre *carry*
flectit: flectere *turn*
aequālibus: aequālis, m. *contemporary, friend, playmate*
serpit: serpere *spread gradually*
concurrere *flock together, run up, come hurrying along*
20 posterō: posterus *next*
obsident: obsidēre *fill, throng*
prōspectant: prōspectāre *look out to, scan*
cautius: cautē *cautiously*
revocet: revocāre *call back*

exsilit: exsilīre *leap out* (*of the water*)
mergitur: mergere *submerge, plunge, dive*
orbēs: orbis, m. *coil, circle*
implicat: implicāre *weave, coil*
expedit: expedīre *undo, uncoil*
25 dōnec *until*
innūtrītōs: innūtrīre *bring up on*
subīret: subīre *enter, come over*
pudor, m. *shame*
accēdunt: accēdere *go up to, approach*
adlūdunt: adlūdere *play with*
adpellant: adpellāre *call to*
pertrectant: pertrectāre *stroke, handle*
praebentem: praebēre *submit, acquiesce*
crēscit: crēscere *grow, increase*
experīmentō: experīmentum, n. *experience*
expertus est: experīrī *get to know*
adnatat: adnatāre *swim up to*
īnsilit: īnsilīre *climb, jump on*
tergō: tergum, n. *back*
30 neuter *neither*
fīdūcia, f. *confidence*
mānsuētūdō, f. *tameness*
nec nōn *moreover, and*
dextrā *on the right*
laevā *on the left*
ūnā *with it, together with it*
36 priōra: prior *former, previous*
gestātōrem: gestātor, m. *carrier, bearer*
collūsōrem: collūsor, m. *playmate*
harēnīs: harēna, f. *sand*
siccātum: siccāre *dry*
incaluisset: incalēscere *grow hot*
revolvī: revolvere *roll back*
cōnstat: cōnstāre *be well known*
lēgātum prōcōnsulis: lēgātus prōcōnsulis, m. *deputy governor*
ēductō: ēdūcī *come out*
40 religiōne: religiō, f. *superstition*
superfūdisse: superfundere *pour over*
unguentum: unguentum, n. *perfume*

novitatem odoremque in altum refugisse, nec nisi post multos dies visum languidum et maestum, mox redditis viribus
priorem lasciviam et solita ministeria repetisse. confluebant
omnes ad spectaculum magistratus, quorum adventu et
mora modica res publica novis sumptibus atterebatur. 45
postremo locus ipse quietem suam secretumque perdebat:
placuit occulte interfici, ad quod coibatur. haec tu qua miser-
atione, qua copia deflebis ornabis attolles! quamquam non
est opus adfingas aliquid aut adstruas; sufficit ne ea quae sunt
vera minuantur. vale. 50

IX.39

C. PLINIUS MUSTIO SUO S.

haruspicum monitu reficienda est mihi aedes Cereris in
praediis in melius et in maius, vetus sane et angusta, cum sit
alioqui stato die frequentissima. nam idibus Septembribus
magnus e regione tota coit populus, multae res aguntur,
multa vota suscipiuntur, multa redduntur; sed nullum in 5
proximo suffugium aut imbris aut solis. videor ergo munifice
simul religioseque facturus, si aedem quam pulcherrimam
exstruxero, addidero porticus aedi, illam ad usum deae has
ad hominum. velim ergo emas quattuor marmoreas colum-
nas, cuius tibi videbitur generis, emas marmora quibus 10
solum, quibus parietes excolantur. erit etiam faciendum
ipsius deae signum, quia antiquum illud e ligno quibusdam
sui partibus vetustate truncatum est. quantum ad porticus,
nihil interim occurrit, quod videatur istinc esse repetendum,
nisi tamen ut formam secundum rationem loci scribas. neque 15
enim possunt circumdari templo: nam solum templi hinc
flumine et abruptissimis ripis, hinc via cingitur. est ultra
viam latissimum pratum, in quo satis apte contra templum
ipsum porticus explicabuntur; nisi quid tu melius invenies,
qui soles locorum difficultates arte superare. vale. 20

novitātem: novitās, f. *strangeness*
refūgisse: refugere *flee from, take refuge from*
nec nisi *and only*
languidum: languidus *weak, listless*
maestum: maestus *dejected, unhappy*
vīribus: vīrēs, f. pl. *strength*
lascīviam: lascīvia, f. *playfulness*
ministeria: ministerium, n. *occupation*
cōnfluēbant: cōnfluere *flock, gather together*
45 modicā: modicus *small*
rēs pūblica, f. *city*
sūmptibus: sūmptus, m. *expense*
atterēbātur: atterere *wear down, exhaust*

perdēbat: perdere *lose*
occultē *quietly, secretly*
coïbātur: coīre *come together, gather*
miserātiōne: miserātiō, f. *pity*
cōpiā: cōpia, f. *invention, eloquence*
dēflēbis: dēflēre *lament*
ōrnābis: ōrnāre *embellish, adorn*
attollēs: attollere *heighten, enrich*
est opus *it is necessary*
adfingās: adfingere *invent*
adstruās: adstruere *add*
sufficit: sufficere *be enough*
50 minuantur: minuere *lessen, understate*

IX.39

monitū: monitus, m. *advice*
reficienda: reficere *rebuild*
aedēs, f. *temple*
Cereris: Cerēs, f. *Ceres (goddess of crops)*
vetus *old, ancient*
sānē *admittedly*
angusta: angustus *cramped*
aliōquī *especially, at any rate*
stātō: status *appointed, special*
frequentissima: frequēns *crowded*
īdibus Septembribus *on 13 September, on the Ides of September*
coit: coīre *gather, assemble*
5 vōta: vōtum, n. *vow, solemn promise*
suscipiuntur: suscipere *undertake, make*
redduntur: reddere *discharge, fulfil*
suffugium, n. *shelter*
imbris: imber, m. *rain*
mūnificē *generously*
religiōsē *piously*
marmoreās: marmoreus *of marble*
10 vidēbitur: vidērī *seem suitable*
generis: genus, n. *kind, sort*
marmora: marmor, n. *marble block*
solum, n. *floor*

parietēs: pariēs, m. *wall*
excolantur: excolere *adorn*
signum, n. *statue*
lignō: lignum, n. *wood*
vetustāte: vetustās, f. *age*
truncātum est: truncāre *damage*
quantum ad *as for, with regard to*
interim *for the time being*
occurrit: occurrere *come to mind, occur*
istinc *from over there, from you*
repetendum: repetere *ask, apply for*
15 fōrmam: fōrma, f. *plan*
secundum *according to, appropriate to*
ratiōnem: ratiō, f. *lay-out*
circumdarī: circumdare *place round*
solum, n. *site*
hinc...hinc *on one side...on the other*
abruptissimīs: abruptus *steep*
rīpīs: rīpa, f. *bank*
cingitur: cingere *surround*
ultrā *across, on the far side of*
prātum, n. *meadow*
aptē *well, comfortably*
contrā *opposite*
explicābuntur: explicāre *arrange*

X.3I

salva magnitudine tua, domine, descendas oportet ad meas
curas, cum ius mihi dederis referendi ad te, de quibus dubito.
in plerisque civitatibus, maxime Nicomediae et Nicaeae,
quidam vel in opus damnati vel in ludum similiaque his
genera poenarum publicorum servorum officio ministerio-   5
que funguntur, atque etiam ut publici servi annua accipiunt.
quod ego cum audissem, diu multumque haesitavi, quid
facere deberem. nam et reddere poenae post longum tempus
plerosque iam senes et, quantum adfirmatur, frugaliter
modesteque viventes nimis severum arbitrabar, et in publicis   10
officiis retinere damnatos non satis honestum putabam;
eosdem rursus a re publica pasci otiosos inutile, non pasci
etiam periculosum existimabam. necessario ergo rem totam,
dum te consulerem, in suspenso reliqui. quaeres fortasse,
quem ad modum evenerit, ut poenis in quas damnati erant   15
exsolverentur: et ego quaesii, sed nihil comperi, quod
adfirmare tibi possim. ut decreta quibus damnati erant pro-
ferebantur, ita nulla monumenta quibus liberati probarentur.
erant tamen, qui dicerent deprecantes iussu proconsulum
legatorumve dimissos. addebat fidem, quod credibile erat   20
neminem hoc ausum sine auctore.

X.32

meminerimus idcirco te in istam provinciam missum, quo-
niam multa in ea emendanda adparuerint. erit autem vel hoc
maxime corrigendum, quod qui damnati ad poenam erant,
non modo ea sine auctore, ut scribis, liberati sunt, sed etiam
in condicionem proborum ministrorum retrahuntur. qui   5
igitur intra hos proximos decem annos damnati nec ullo
idoneo auctore liberati sunt, hos oportebit poenae suae reddi;

X. 31

salvā magnitūdine tuā *without damaging your dignity*
oportet *it is fitting (that)*
iūs: iūs, n. *right*
cīvitātibus: cīvitās, f. *city*
opus: opus, n. *hard labour (especially in the mines)*
damnātī: damnāre *condemn*
lūdum: lūdus, m. *service as a gladiator*
5 genera: genus, n. *sort, kind*
officiō: officium, n. *work, duty*
ministeriō: ministerium, n. *employment*
funguntur: fungī *undertake, perform*
annua: annua, n.pl. *annual salary*
audīssem = audīvissem
reddere *return, send back*
quantum *as far as*
frūgāliter *soberly*
10 modestē *quietly, humbly*
arbitrābar: arbitrārī *think*
rūrsus *on the other hand*
rē pūblicā: rēs pūblica, f. *state*
pāscī: pāscere *feed, support*
ōtiōsōs: ōtiōsus *without employment*
inūtile: inūtilis *unprofitable*
etiam *actually*
exīstimābam: exīstimāre *consider, judge*

necessāriō *of necessity, unavoidably*
dum *until*
cōnsulerem: cōnsulere *consult*
15 quem ad modum *how*
ēvēnerit: ēvenīre *come about*
exsolverentur: exsolvere *release*
quaesiī = quaesīvī
comperī: comperīre *discover*
ut...ita *although...yet*
dēcrēta: dēcrētum, n. *official decree*
prōferēbantur: prōferre *show, produce*
monumenta: monumentum, n. *record*
līberātī (esse): līberāre *release*
probārentur: probāre *prove*
dēprecantēs: dēprecārī *make excuses, defend oneself*
prōcōnsulum: prōcōnsul, m. *proconsul, governor*
lēgātōrum: lēgātus, m. *deputy governor*
dīmissōs (esse): dīmittere *set free*
addēbat fidem *it made the story more likely*
20 crēdibile: crēdibilis *understandable, easily believed*
ausum = ausum esse
sine auctōre *without official authority*

X. 32

idcircō...quoniam *for the very reason that*
ēmendanda: ēmendāre *correct, reform*
adpāruerint = appāruerint
vel...maximē *especially, particularly*
corrigendum: corrigere *put right*

5 condiciōnem: condiciō, f. *position, status*
retrahuntur: retrahere *restore*
intrā *within*
proximōs: proximus *last, most recent*
idōneō: idōneus *proper*

si qui vetustiores invenientur et senes ante annos decem
damnati, distribuamus illos in ea ministeria, quae non longe
a poena sint. solent et ad balineum, ad purgationes cloa-   10
carum, item munitiones viarum et vicorum dari.

X.37

C. PLINIUS TRAIANO IMPERATORI

in aquae ductum, domine, Nicomedenses impenderunt
HS |xxx| cccxviii, qui imperfectus adhuc omissus, destructus
etiam est; rursus in alium ductum erogata sunt $\overline{\text{cc}}$. hoc
quoque relicto novo impendio est opus, ut aquam habeant,
qui tantam pecuniam male perdiderunt. ipse perveni ad   5
fontem purissimum, ex quo videtur aqua debere perduci,
sicut initio temptatum erat, arcuato opere, ne tantum ad
plana civitatis et humilia perveniat. manent adhuc paucissimi
arcus: possunt et erigi quidam lapide quadrato, qui ex
superiore opere detractus est; aliqua pars, ut mihi videtur,   10
testaceo opere agenda erit, id enim et facilius et vilius. sed in
primis necessarium est mitti a te vel aquilegem vel architectum, ne rursus eveniat quod accidit. ego illud unum adfirmo,
et utilitatem operis et pulchritudinem saeculo tuo esse
dignissimam.   15

X.38

TRAIANUS PLINIO

curandum est, ut aqua in Nicomedensem civitatem per-
ducatur. vere credo te ea, qua debebis, diligentia hoc opus
adgressurum. sed medius fidius ad eandem diligentiam tuam
pertinet inquirere, quorum vitio ad hoc tempus tantam
pecuniam Nicomedenses perdiderint, ne, dum inter se   5
gratificantur, et incohaverint aquae ductus et reliquerint.
quid itaque compereris, perfer in notitiam meam.

sī quī *if any*
vetustiōrēs: vetustus *elderly*
distribuāmus: distribuere *allocate*
10 balineum: balineum, n. *public baths*
pūrgātiōnēs: pūrgātiō, f. *cleaning*
cloācārum: cloāca, f. *drain, sewer*

item *also*
mūnītiōnēs: mūnītiō, f. *building, repairing*
vīcōrum: vīcus, m. *street*
darī *be assigned*

X.37

aquae ductum: aquae ductus, m. *aqueduct*
Nīcomēdēnsēs, m.pl. *the people of Nicomedia (capital city of Bithynia)*
impendērunt: impendere *spend*
HS |xxx| CCCXVIII 3,318,000 *sesterces*
imperfectus *unfinished*
omissus: omittere *abandon*
dēstrūctus...est: dēstruere *destroy, demolish*
ērogāta sunt: ērogāre *pay out*
C̄C̄ 200,000 *sesterces*
impendiō: impendium, n. *grant, outlay*
est opus *there is need*
5 perdidērunt: perdere *squander, waste*
perdūcī: perdūcere *bring*
initiō: initium, n. *beginning*
arcuātō: arcuātus *arched*

opere: opus, n. *structure*
plāna: plānus *flat, level*
cīvitātis: cīvitās, f. *city*
humilia: humilis *low-lying*
arcūs: arcus, m. *arch*
ērigī: ērigere *build*
lapide: lapis, m. *stone*
quadrātō: quadrātus *squared, in blocks*
10 superiōre: superior *previous*
dētractus est: dētrahere *remove*
testāceō: testāceus *made of brick*
vīlius: vīlis *cheap*
aquilegem: aquilex, m. *water-engineer, bridge-builder*
ēveniat: ēvenīre *happen, occur*
ūtilitātem: ūtilitās, f. *usefulness*
pulchritūdinem: pulchritūdō, f. *beauty*
saeculō: saeculum, n. *reign, era*

X.38

vērē *really*
adgressūrum (esse): adgredī *approach, tackle*
medius fidius *for heaven's sake*
pertinet: pertinēre *be up to, concern*
inquīrere *investigate*

vitiō: vitium, n. *fault*
6 grātificantur: grātificārī *do favours*
incohāverint: incohāre *begin*
compererīs: comperīre *discover*
perfer: perferre *bring*
nōtitiam: nōtitia, f. *notice*

X.41

C. PLINIUS TRAIANO IMPERATORI

intuenti mihi et fortunae tuae et animi magnitudinem convenientissimum videtur demonstrari opera non minus
aeternitate tua quam gloria digna, quantumque pulchritu-
dinis tantum utilitatis habitura. est in Nicomedensium finibus
amplissimus lacus. per hunc marmora fructus ligna materiae   5
et sumptu modico et labore usque ad viam navibus, inde
magno labore maiore impendio vehiculis ad mare deve-
huntur . . . hoc opus multas manus poscit. at eae porro non
desunt. nam et in agris magna copia est hominum et maxima
in civitate, certaque spes omnes libentissime adgressuros   10
opus omnibus fructuosum. superest ut tu libratorem vel
architectum si tibi videbitur mittas, qui diligenter exploret,
sitne lacus altior mari, quem artifices regionis huius quadraginta cubitis altiorem esse contendunt. ego per eadem loca
invenio fossam a rege percussam, sed incertum utrum ad col-   15
ligendum umorem circumiacentium agrorum an ad committendum flumini lacum; est enim imperfecta. hoc quoque
dubium, intercepto rege mortalitate an desperato operis
effectu. sed hoc ipso (feres enim me ambitiosum pro tua
gloria) incitor et accendor, ut cupiam peragi a te quae   20
tantum coeperant reges.

X.42

TRAIANUS PLINIO

potest nos sollicitare lacus iste, ut committere illum mari
velimus; sed plane explorandum est diligenter, ne si emissus
in mare fuerit totus effluat certe, quantum aquarum et unde
accipiat. poteris a Calpurnio Macro petere libratorem, et
ego hinc aliquem tibi peritum eius modi operum mittam.   5

X. 4I

intuentī: intuērī *consider, observe*
magnitūdinem: magnitūdō, f. *greatness*
convenientissimum: conveniēns
  appropriate
opera: opus, n. *building project*
aeternitāte: aeternitās, f. *immortal fame*
pulchritūdinis: pulchritūdō, f. *splendour, magnificence*
ūtilitātis: ūtilitās, f. *usefulness*
Nicomēdēnsium: Nicomēdēnsēs, m.pl.
  the people of Nicomedia (capital city of Bithynia)
fīnibus: fīnēs, m.pl. *land, territory*
5 lacus, m. *lake*
marmora: marmor, n. *marble*
frūctūs: frūctus, m. *produce, fruit*
ligna: lignum, n. *wood, firewood*
māteriae: māteria, f. *timber, building material*
sūmptū: sūmptus, m. *expense, cost*
modicō: modicus *modest, reasonable*
inde *from there, after that*
impendiō: impendium, n. *expense*
vehiculīs: vehiculum, n. *cart*
dēvehuntur: dēvehere *carry down*
porrō *then, however*

dēsunt: dēesse *be lacking*
cōpia, f. *supply, number*
10 cīvitāte: cīvitās, f. *city*
libentissimē: libenter *willingly*
adgressūrōs = aggressūrōs
frūctuōsum: frūctuōsus *profitable*
lībrātōrem: lībrātor, m. *surveyor, engineer*
explōret: explōrāre *make a survey*
artificēs: artifex, m. *expert*
cubitīs: cubitum, n. *cubit (distance from elbow to end of middle finger)*
contendunt: contendere *assert, maintain*
15 fossam: fossa, f. *canal*
percussam: percutere *cut, dig*
ūmōrem: ūmor, m. *moisture, water*
circumiacentium: circumiacēns
  neighbouring, surrounding
committendum: committere *connect*
imperfecta: imperfectus *unfinished*
interceptō: intercipere *interrupt, forestall*
mortālitāte: mortālitās, f. *death*
effectū: effectus, m. *completion, success*
20 peragī: peragere *complete, accomplish*

X. 42

sollicitāre *interest*
plānē *clearly, obviously*
effluat: effluere *flow out, drain off*

Calpurniō Macrō: Calpurnius Macer, m. *Calpurnius Macer (then governor of Lower Moesia)*
5 perītum: perītus *skilled, experienced*

59

C. PLINIUS TRAIANO IMPERATORI

tu quidem, domine, providentissime vereris, ne commissus
flumini atque ita mari lacus effluat; sed ego in re praesenti
invenisse videor, quem ad modum huic periculo occurrerem.
potest enim lacus fossa usque ad flumen adduci nec tamen in
flumen emitti, sed relicto quasi margine contineri pariter et   5
dirimi. sic consequemur, ut neque aqua viduetur flumini
mixtus, et sit perinde ac si misceatur. erit enim facile per
illam brevissimam terram, quae interiacebit, advecta fossa
onera transponere in flumen. quod ita fiet, si necessitas
coget, et (spero) non coget.   10

Pliny then goes on to express the view that it should be
quite possible to connect the lake directly to the river without its drying up. Another river which runs out of the lake
on the far side could be dammed up, which would com-
pensate for the loss of water via the canal. Even if the canal
were cut direct to the sea, the tide would make up the water
discharged. Finally, if neither of these schemes worked,
then a system of sluices could be used – but all these
particulars can best be examined by an engineer whom the
Emperor must send out. Pliny stresses the worthiness of the
whole project, and says that he has written to Calpurnius
Macer (mentioned in x.42) for an engineer.

In a short reply (x.62) Trajan commends Pliny's energy
and intelligence and leaves it to him to select what scheme
should be used. Calpurnius Macer will send an engineer –
though Pliny may even find one in Bithynia itself.

prōvidentissimē: prōvidenter *prudently,*
with foresight
quem ad modum *how, by what means*
occurrerem: occurrere *meet, deal with*
addūcī: addūcere *bring up*
5 margine: margō, m. *gap, narrow strip*
pariter *equally*
dīrimī: dīrimere *keep apart*
cōnsequēmur: cōnsequī *manage, bring*
it about

viduētur: viduāre *empty*
mixtus: miscēre *mix*
perinde ac *just as if*
interiacēbit: interiacēre *lie between,*
intervene
advecta: advehere *bring up*
onera: onus, n. *cargo*
trānspōnere *transfer*
quod ita fiet *this is what will be done*

X.77

providentissime, domine, fecisti, quod praecepisti Calpurnio
Macro clarissimo viro, ut legionarium centurionem Byzantium mitteret. dispice an etiam Iuliopolitanis simili
ratione consulendum putes, quorum civitas, cum sit perexigua, onera maxima sustinet tantoque graviores iniurias   5
quanto est infirmior patitur. quidquid autem Iuliopolitanis
praestiteris, id etiam toti provinciae proderit. sunt enim in
capite Bithyniae, plurimisque per eam commeantibus
transitum praebent.

X.78

TRAIANUS PLINIO

ea condicio est civitatis Byzantiorum confluente undique in
eam commeantium turba, ut secundum consuetudinem prae-
cedentium temporum honoribus eius praesidio centurionis
legionarii consulendum habuerimus. si Iuliopolitanis
succurrendum eodem modo putaverimus, onerabimus nos   5
exemplo; plures enim eo quanto infirmiores erunt idem
petent. fiduciam eam diligentiae tuae habeo, ut credam te
omni ratione id acturum, ne sint obnoxii iniuriis. si qui autem
se contra disciplinam meam gesserint, statim coerceantur;
aut, si plus admiserint quam ut in re praesenti satis puniantur,   10
si milites erunt, legatis eorum quod deprehenderis notum
facies aut, si in urbem versus venturi erunt, mihi scribes.

X.94

C. PLINIUS TRAIANO IMPERATORI

Suetonium Tranquillum, probissimum honestissimum eruditissimum virum, et mores eius secutus et studia iam
pridem, domine, in contubernium adsumpsi, tantoque magis

X.77

prōvidentissimē: prōvidenter *wisely*
praecēpistī: praecipere *instruct*
Calpurniō Macrō: Calpurnius Macer, m. *Calpurnius Macer (then governor of Lower Moesia)*
legiōnārium: legiōnārius *legionary*
Byzantium: Byzantium, n. *Byzantium (now Istanbul)*
dispice: dispicere *consider*
Iūliopolitānīs: Iūliopolitānī, m.pl. *the people of Juliopolis (a city in Bithynia)*
ratiōne: ratiō, f. *way*

cōnsulendum: cōnsulere *aid, show concern for*
cīvitās, f. *city*
perexigua: perexiguus *very small*
5 onera: onus, n. *burden*
sustinet: sustinēre *put up with*
iniūriās: iniūria, f. *wrong*
īnfirmior: īnfirmus *weak*
praestiteris: praestāre *provide*
prōderit: prōdesse *benefit*
capite: caput, n. *edge*
commeantibus: commeāre *travel*
trānsitum: trānsitus, m. *crossing*

X.78

condiciō, f. *situation*
Byzantiōrum: Byzantiī, m.pl. *the people of Byzantium*
cōnfluente: cōnfluere *pour in*
secundum *in line with*
cōnsuētūdinem: cōnsuētūdō, f. *practice*
praecēdentium: praecēdere *precede*
honōribus: honōs, m. *official dignity, magistracy*
praesidiō: praesidium, n. *protection, presence*
habuerīmus: habēre *have in mind, think*

5 succurrendum: succurrere *assist*
onerābimus: onerāre *burden*
exemplō: exemplum, n. *precedent*
fīdūciam: fīdūcia, f. *confidence*
āctūrum: agere *act*
obnoxiī: obnoxius *open to*
sē. . .gesserint: sē gerere *act*
coerceantur: coercēre *arrest*
10 admīserint: admittere *commit (an offence)*
in rē praesentī *on the spot, summarily*
dēprehenderis: dēprehendere *find out*
versus *towards*

X.94

Suētōnium Tranquillum: Suētōnius Tranquillus, m. *Suetonius (the Roman biographer)*
ērudītissimum: ērudītus *learned*
mōrēs: mōrēs, m.pl. *character*

secūtus: sequī *be interested in, admire*
iam prīdem *for some time now*
contubernium: contubernium, n. *close friendship*
adsūmpsī: adsūmere *take up*

diligere coepi quanto nunc propius inspexi. huic ius trium
liberorum necessarium faciunt duae causae; nam et iudicia   5
amicorum promeretur et parum felix matrimonium expertus
est, impetrandumque a bonitate tua per nos habet quod illi
fortunae malignitas denegavit. scio, domine, quantum beneficium petam, sed peto a te cuius in omnibus desideriis meis
indulgentiam experior. potes enim colligere quanto opere   10
cupiam, quod non rogarem absens si mediocriter cuperem.

X.95

TRAIANUS PLINIO

quam parce haec beneficia tribuam, utique, mi Secunde
carissime, haeret tibi, cum etiam in senatu adfirmare soleam
non excessisse me numerum, quem apud amplissimum
ordinem suffecturum mihi professus sum. tuo tamen
desiderio subscripsi et dedisse me ius trium liberorum Sue-   5
tonio Tranquillo ea condicione, qua adsuevi, referri in com-
mentarios meos iussi.

X.96

C. PLINIUS TRAIANO IMPERATORI

sollemne est mihi, domine, omnia de quibus dubito ad te
referre. quis enim potest melius vel cunctationem meam
regere vel ignorantiam instruere? cognitionibus de Chris-
tianis interfui numquam: ideo nescio quid et quatenus aut
puniri soleat aut quaeri. nec mediocriter haesitavi, sitne   5
aliquod discrimen aetatum, an quamlibet teneri nihil a robus-
tioribus differant; detur paenitentiae venia, an ei, qui
omnino Christianus fuit, desisse non prosit; nomen ipsum,
si flagitiis careat, an flagitia cohaerentia nomini puniantur.
interim, in iis qui ad me tamquam Christiani deferebantur,   10
hunc sum secutus modum. interrogavi ipsos an essent
Christiani. confitentes iterum ac tertio interrogavi suppli-

propius *more closely*
iūs trium līberōrum *rights granted to
fathers or 3 of more children*
5 iūdicia: iūdicium, n. *approval*
prōmerētur: prōmerērī *merit, earn*
parum *too little*
fēlīx: fēlīx *fertile, blessed with children*
mātrimōnium: mātrimōnium, n. *marriage*
expertus est: experīrī *experience*

impetrandum: impetrāre *obtain by
request*
bonitāte: bonitās, f. *generosity, kindness*
malignitās, f. *cruelty*
dēnegāvit: dēnegāre *deny, refuse*
dēsīderiīs: dēsīderium, n. *wish*
10 indulgentiam: indulgentia, f. *kindness*
colligere *gather, judge*
quantō opere *how greatly*
mediocriter *only a little*

X.95

parcē *sparingly*
tribuam: tribuere *grant, confer*
utique *certainly, at any rate*
haeret tibi *it is clear to you*
excessisse: excēdere *exceed, go beyond*
amplissimum: amplus *noble, distinguished*
suffectūrum (esse): sufficere *be enough
for*

professus sum: profitērī *state, declare*
5 subscrīpsī: subscrībere *approve, assent
to*
condiciōne: condiciō, f. *condition,
terms*
adsuēvī: adsuēscere *make a habit of*
referrī: referre *record*
commentāriōs: commentārius, m.
official register

X.96

sollemne: sollemnis *customary, normal*
vel...vel *either...or*
cūnctātiōnem: cūnctātiō, f. *hesitancy*
regere *deal with, resolve*
cognitiōnibus: cognitiō, f. *interrogation, trial*
interfuī: interesse *attend, be present at*
ideō *consequently*
quātenus *to what extent*
5 mediocriter *a little*
discrīmen, n. *distinction*
aetātum: aetās, f. *age*
quamlibet *however*
tenerī: tener *young*
rōbustiōribus: rōbustior *older, adult*
differant: differre *differ, have different
treatment*

paenitentiae: paenitentia, f. *recantation,
repentance*
omnīnō *at all*
dēsīsse = dēsiisse: dēsinere *give up,
leave off*
prōsit: prōdesse *benefit, be of use*
flāgitiīs: flāgitium, n. *crime*
careat: carēre *be free from, be unaccompanied by*
cohaerentia: cohaerēns *associated with*
10 interim *meanwhile*
dēferēbantur: dēferre *denounce, bring to
trial*
confitentēs: confitērī *admit*
tertiō *a third time*
supplicium: supplicium, n. *punishment,
death penalty*

cium minatus: perseverantes duci iussi. neque enim dubita-
bam, qualecumque esset quod faterentur, pertinaciam certe
et inflexibilem obstinationem debere puniri. fuerunt alii   15
similis amentiae, quos, quia cives Romani erant, adnotavi in urbem remittendos.

mox ipso tractatu, ut fieri solet, diffundente se crimine
plures species inciderunt. propositus est libellus sine auctore
multorum nomina continens. qui negabant esse se Chris-   20
tianos aut fuisse, cum praeunte me deos adpellarent et
imagini tuae, quam propter hoc iusseram cum simulacris
numinum adferri, ture ac vino supplicarent, praeterea male
dicerent Christo, quorum nihil cogi posse dicuntur qui sunt
re vera Christiani, dimittendos putavi. alii ab indice nominati 25
esse se Christianos dixerunt et mox negaverunt; fuisse quidem sed desisse, quidam ante triennium, quidam ante plures
annos, non nemo etiam ante viginti. hi quoque omnes et
imaginem tuam deorumque simulacra venerati sunt et
Christo male dixerunt. adfirmabant autem hanc fuisse   30
summam vel culpae suae vel erroris, quod essent soliti stato
die ante lucem convenire, carmenque Christo quasi deo
dicere secum invicem seque sacramento non in scelus
aliquod obstringere, sed ne furta ne latrocinia ne adulteria
committerent, ne fidem fallerent, ne depositum adpellati   35
abnegarent. quibus peractis morem sibi discedendi fuisse
rursusque coeundi ad capiendum cibum, promiscuum tamen
et innoxium; quod ipsum facere desisse post edictum meum,
quo secundum mandata tua hetaerias esse vetueram. quo
magis necessarium credidi ex duabus ancillis, quae ministrae   40
dicebantur, quid esset veri, et per tormenta quaerere. nihil
aliud inveni quam superstitionem pravam et immodicam.

ideo dilata cognitione ad consulendum te decucurri. visa
est enim mihi res digna consultatione, maxime propter peric-
litantium numerum. multi enim omnis aetatis, omnis ordi-   45
nis, utriusque sexus etiam vocantur in periculum et voca-
buntur. neque civitates tantum, sed vicos etiam atque agros
superstitionis istius contagio pervagata est; quae videtur

minātus: minārī *threaten*
persevērantēs: persevērāre *persist*
dūcī: dūcere *lead to execution*
quālecumque *whatever*
fatērentur: fatērī *admit, confess*
pertināciam: pertinācia, f. *stubbornness*
15 īnflexibilem: īnflexibilis *unbending*
āmentiae: āmentia, f. *folly, fanaticism*
adnotāvī: adnotāre *put on a list*
remittendōs: remittere *send off*
tractātū: tractātus, m. *involvement,
  handling*
diffundente sē: sē diffundere *become
  widespread*
speciēs: speciēs, f. *type, form*
sine auctōre *anonymously*
21 praeeunte: praeīre *begin a prayer*
adpellārent: adpellāre *invoke, call upon*
imāginī: imāgō, f. *statue, image*
simulācrīs: simulācrum, n. *image, statue*
nūminum: nūmen, n. *god*
adferrī: adferre *bring in*
tūre: tūs, n. *incense*
supplicārent: supplicāre *worship*
male dīcerent: male dīcere *revile, curse*
25 indice: index, m. *informer*
nōminātī: nōmināre *name*
triennium: triennium, n. *three years*
venerātī sunt: venerārī *worship*
31 summam: summa, f. *sum total*
culpae: culpa, f. *guilt*
errōris: error, m. *mistake*
stātō: status *appointed*
carmen: carmen, n. *chant*

invicem *alternately*
sacrāmentō: sacrāmentum, n. *oath*
obstringere *bind*
fūrta: fūrtum, n. *theft*
latrōcinia: latrōcinium, n. *robbery*
adulteria: adulterium, n. *adultery*
35 fallerent: fallere *violate, betray*
dēpositum: dēpositum, n. *something
  deposited for safekeeping*
abnegārent: abnegāre *refuse to restore*
perāctīs: peragere *finish*
coeundī: coīre *meet, assemble*
prōmiscuum: prōmiscuus *ordinary*
innoxium: innoxius *harmless*
ēdictum: ēdictum, n. *edict, decree*
secundum *following*
mandāta: mandāta, n.pl. *imperial
  instructions (to a new governor)*
hetaeriās: hetaeria, f. *political society*
quō magis *so all the more*
40 ministrae: ministra, f. *deaconess*
immodicam: immodicus *excessive,
  extreme*
dīlātā: differre *put off*
dēcucurrī: dēcurrere *hasten, lose no
  time*
cōnsultātiōne: cōnsultātiō, f. *consideration*
perīclitantium: perīclitārī *be in danger,
  be at risk*
46 sexūs: sexus, m. *sex*
vīcōs: vīcus, m. *village*
contāgiō, f. *infection*
pervagāta est: pervagārī *pervade, spread*

sisti et corrigi posse. certe satis constat prope iam desolata
templa coepisse celebrari, et sacra sollemnia diu intermissa   50
repeti passimque venire carnem victimarum, cuius adhuc
rarissimus emptor inveniebatur. ex quo facile est opinari,
quae turba hominum emendari possit, si sit paenitentiae
locus.

X.97

TRAIANUS PLINIO

actum quem debuisti, mi Secunde, in excutiendis causis
eorum, qui Christiani ad te delati fuerant, secutus es. neque
enim in universum aliquid, quod quasi certam formam
habeat, constitui potest. conquirendi non sunt; si deferantur
et arguantur, puniendi sunt, ita tamen ut, qui negaverit se   5
Christianum esse idque re ipsa manifestum fecerit, id est
supplicando dis nostris, quamvis suspectus in praeteritum,
veniam ex paenitentia impetret. sine auctore vero propositi
libelli in nullo crimine locum habere debent. nam et pessimi
exempli nec nostri saeculi est.   10

X.98

C. PLINIUS TRAIANO IMPERATORI

Amastrianorum civitas, domine, et elegans et ornata habet
inter praecipua opera pulcherrimam eandemque longissi-
mam plateam; cuius a latere per spatium omne porrigitur
nomine quidem flumen, re vera cloaca foedissima, ac sicut
turpis immundissimo adspectu, ita pestilens odore taeterri-   5
mo. quibus ex causis non minus salubritatis quam decoris
interest eam contegi; quod fiet si permiseris curantibus
nobis, ne desit quoque pecunia operi tam magno quam
necessario.

sistī: sistere *check, stop*
corrigī: corrigere *correct*
cōnstat: cōnstāre *be well known*
dēsōlāta: dēsōlātus *deserted*
50 intermissa: intermittere *neglect, inter-rupt*
repetī: repetere *revive*
passim *everywhere*

vēnīre *be on sale*
carnem: carō, f. *flesh*
rārissimus: rārus *scarce*
ēmptor, m. *buyer*
opīnārī *think, infer*
ēmendārī: ēmendāre *reform*
locus, m. *opportunity*

X. 97

āctum: āctus, m. *procedure*
excutiendīs: excutere *investigate*
ūniversum: ūniversus *general*
fōrmam: fōrma, f. *form, formula*
cōnstituī: cōnstituere *fix, lay down*
conquīrendī: conquīrere *hunt, seek out*
5 arguantur: arguere *prove guilty*

manifestum: manifestus *clear*
id est *that is*
quamvīs *however*
in praeteritum *in the past*
impetret: impetrāre *obtain*
10 saeculī: saeculum, n. *age, times*

X. 98

Amastriānōrum: Amastriānī, m.pl. *the people of Amastris (a city in Bithynia)*
cīvitās, f. *city*
ēlegāns *well-built*
praecipua: praecipuus *prominent, out-standing*
opera: opus, n. *building, feature*
plateam: platea, f. *broad street, boulevard*
latere: latus, n. *side*
spatium: spatium, n. *length*
porrigitur: porrigī *stretch, run*
rē vērā *in fact*
cloāca, f. *sewer*

foedissima: foedus *filthy, revolting*
5 turpis *vile, foul*
immundissimō: immundus *disgusting*
adspectū: adspectus, m. *look, appear-ance*
pestilēns *unwholesome, noxious*
taeterrimō: taeter *loathsome*
salūbritātis: salūbritās, f. *public health*
decoris: decus, n. *good appearance*
interest: interesse *be in the interest of*
contegī: contegere *cover over*
dēsit: dēesse *be lacking*

X.99

rationis est, mi Secunde carissime, contegi aquam istam, quae per civitatem Amastrianorum fluit, si intecta salubritati obest. pecunia ne huic operi desit, curaturum te secundum diligentiam tuam certum habeo.

X.106

C. PLINIUS TRAIANO IMPERATORI

rogatus, domine, a P. Accio Aquila, centurione cohortis sextae equestris, ut mitterem tibi libellum per quem indulgentiam pro statu filiae suae implorat, durum putavi negare, cum scirem quantam soleres militum precibus patientiam humanitatemque praestare.

5

X.107

TRAIANUS PLINIO

libellum P. Accii Aquilae, centurionis sextae equestris, quem mihi misisti, legi; cuius precibus motus dedi filiae eius civitatem Romanam. libellum rescriptum, quem illi redderes, misi tibi.

X.116

C. PLINIUS TRAIANO IMPERATORI

qui virilem togam sumunt vel nuptias faciunt vel ineunt magistratum vel opus publicum dedicant, solent totam bulen atque etiam e plebe non exiguum numerum vocare binosque denarios vel singulos dare. quod an celebrandum et quatenus putes, rogo scribas. ipse enim, sicut arbitror,

5

X.99

ratiōnis est *it is reasonable, sensible*
intĕcta: intĕctus *uncovered*

obest: obesse *stand in the way of,
  endanger*
secundum *in accordance with*

X.106

sextae: sextus *sixth*
equestris: equestris *equestrian, of
  cavalry*
libellum: libellus, m. *petition*
indulgentiam: indulgentia, f. *kindness,
  concession*

statū: status, m. *status*
implōrat: implōrāre *beg*
negāre *refuse*
5 patientiam: patientia, f. *indulgence*
hūmānitātem: hūmānitās, f. *sympathy,
  concern*

X.107

cīvitātem: cīvitās, f. *citizenship*

rescrīptum: rescrīptus *endorsed*

X.116

virīlem togam: virīlis toga, f. *adult
  dress*
sūmunt: sūmere *take on, assume*
ineunt: inīre *enter*
opus: opus, n. *building*
būlēn = Form B: būlē, f. *local council*
plēbe: plēbs, f. *ordinary people*

exiguum: exiguus *small*
bīnōs: bīnī *two each*
dēnāriōs: dēnārius, m. *denarius (a silver
  coin)*
singulōs: singulī *one each*
5 quātenus *to what extent, how far*
arbitror: arbitrārī *think*

praesertim ex sollemnibus causis, concedendum ius istud
invitationis, ita vereor ne ii qui mille homines, interdum
etiam plures vocant, modum excedere et in speciem
διανομῆς incidere videantur.

X.117

TRAIANUS PLINIO

merito vereris, ne in speciem διανομῆς incidat invitatio,
quae et in numero modum excedit et quasi per corpora, non
viritim singulos ex notitia ad sollemnes sportulas contrahit.
sed ego ideo prudentiam tuam elegi, ut formandis istius
provinciae moribus ipse moderareris et ea constitueres, quae   5
ad perpetuam eius provinciae quietem essent profutura.

praesertim *especially*
concēdendum: concēdere *allow, concede*
iūs: iūs, n. *right*
interdum *sometimes*
modum: modus, m. *limit*

excēdere *go beyond, exceed*
speciem: speciēs, f. *form, appearance*
διανομῆς = Form D: διανομή, f.
   money distribution, hand-out

X.117

meritō *with good reason*
corpora: corpus, n. *group*
virītim *singly, individually*
nōtitiā: nōtitia, f. *personal acquaintance*
sportulās: sportula, f. *hand-out*
contrahit: contrahere *draw, attract*

ideō *for this very purpose*
ēlēgī: ēligere *choose, pick*
fōrmandīs: fōrmāre *regulate*
5 moderārēris: moderārī *control, moderate*
essent prōfutūra: prōdesse *serve, con-*
   tribute to

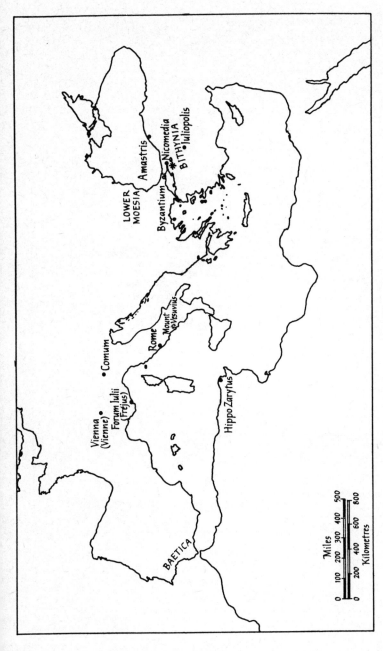

Map. 1. The Mediterranean.

(* = Lacus Sunonensis, the lake which was part of Pliny's canal scheme of Letters X. 41–2, 61–2.)

Map 2. Italy